DER TYP AUS DEM SONG

MICHAEL HEATLEY & FRANK HOPKINSON

Der Typ aus dem Song

Hey Jude, Man On The Moon, Rolling In The Deep …
und welche Geschichten sich dahinter verbergen

Übersetzt von Madeleine Lampe

Schwarzkopf & Schwarzkopf

INHALT

Wo die Inspiration wohnt:
Vorwort zur deutschsprachigen Ausgabe 6

A Day In The Life – The Beatles 8
Amazing – George Michael 14
Andy's Chest – Lou Reed 18
Back On The Chain Gang – The Pretenders 22
Back To Black – Amy Winehouse 28
Bobby Jean – Bruce Springsteen 34
Carey – Joni Mitchell 38
Cast No Shadow – Oasis 44
Diamonds And Rust – Joan Baez 48
Do You Really Want To Hurt Me – Culture Club 54
Hey Jude – The Beatles 60
How Do You Sleep? – John Lennon 64
Hurdy Gurdy Man – Donovan 68
I Will Always Love You – Dolly Parton 74
Jeremy – Pearl Jam 80
Kooks – David Bowie 84
Let Me Roll It – Paul McCartney & Wings 90
Life In A Northern Town – Dream Academy 94
Love Kills – The Ramones 98
Luka – Suzanne Vega 102
Magic Man – Heart 106
Malibu – Hole 110
Man On The Moon – R.E.M. 116
Memphis – PJ Harvey 122

Michael – Franz Ferdinand 126

My Father's Eyes – Eric Clapton 130

My Old Man – Joni Mitchell 134

Rolling In The Deep – Adele 138

Rooms On Fire – Stevie Nicks 142

Rufus Is A Tit Man – Loudon Wainwright III 146

Shine On You Crazy Diamond – Pink Floyd 150

Silver Springs – Fleetwood Mac 156

Smile – Lily Allen 160

Someone Saved My Life Tonight – Elton John 164

Song For Guy – Elton John 170

Speechless – Lady Gaga 174

Stuck In A Moment You Can't Get Out Of – U2 178

Tears In Heaven – Eric Clapton 182

The Killing Of Georgie (Part I & II) – Rod Stewart 188

The Last Time I Saw Richard – Joni Mitchell 192

The Man With The Child In His Eyes – Kate Bush 196

Thorn In My Side – Eurythmics 202

Underneath It All – No Doubt 206

Walk On The Wild Side – Lou Reed 212

We Three – Patti Smith 218

William, It Was Really Nothing – The Smiths 222

You Oughta Know – Alanis Morissette 226

You're So Vain – Carly Simon 230

You've Got A Friend – Carole King 234

Zebulon – Rufus Wainwright 240

Wo die Inspiration wohnt

VORWORT ZUR DEUTSCHSPRACHIGEN AUSGABE

Menschen, die große Gefühle hervorrufen – sei es nun Liebe, Trauer, Glück, Wut oder Eifersucht –, werden nicht selten zur Inspiration für Künstler. Diese verarbeiten ihre Erfahrungen dann in Songs, von denen manche zu unvergessenen Hits werden. Stars wie George Michael, Lou Reed, Joni Mitchell, PJ Harvey und Lily Allen haben ihren Liebhabern, Exfreunden, Vorbildern und anderen Männern und Jungs, die sie bewegt haben, ihre Lieder gewidmet. Viele Musikfans kennen diese Songs in- und auswendig – aber die wahren Geschichten, die dahinterstecken, bleiben oft im Verborgenen.

Dieses Buch widmet sich den Entstehungsgeschichten von 50 Klassikern aus der Rock- und Popgeschichte und erzählt von Geliebten, Freunden, Kollegen und Idolen, aber auch von Expartnern und Rivalen, die die Fantasie vieler großartiger Songwriter und Songwriterinnen beflügelt haben.

In diesen Songs erfährt man eine Menge über die Gefühle und Leben ihrer Verfasser. Zum Beispiel bittet Lady Gaga ihren herzkranken Vater in *Speechless*, sich einer Operation zu unterziehen. John Lennons Song *How Do You Sleep?* ist ein Angriff auf Paul McCartney, der wiederum mit *Let Me Roll It* darauf reagierte. Und Pink Floyd haben ihrem ehemaligen

Bandmitglied Syd Barrett mit *Shine On You Crazy Diamond* ein musikalisches Denkmal gesetzt.

Die Geschichten hinter den Songs sind so unterschiedlich wie die Künstler. Sie handeln von Partnerschaften oder deren Scheitern – Amy Winehouse schrieb *Back To Black* über ihre turbulente On-Off-Beziehung mit Blake Fileder-Civil – oder von sehr persönlichen Erlebnissen und Schicksalsschlägen – Eric Clapton verarbeitete den Tod seines Sohnes in *Tears In Heaven*. Andere Titel sind eine Hommage an Künstlerkollegen – wie *Cast No Shadow* von Oasis, ein Song, den die Band Richard Ashcroft widmete.

Die Musikexperten Michael Heatley und Frank Hopkinson wollten mehr über die Protagonisten der beliebtesten Pop- und Rocksongs erfahren und stellen nun – nach dem vorangegangenen Buch *Das Mädchen aus dem Song* – männliche Musen vor, die die Songwriter zu ihren großen Hits inspirierten. Die Autoren haben sich mit den Songtexten, Entstehungsgeschichten und wahren Begebenheiten hinter den Liedern beschäftigt und wollten wissen, welche Verbindung es zwischen den Stars und den besungenen Männern und Jungs gibt und was aus ihnen geworden ist.

Der Typ aus dem Song ist eine Hommage an die legendären Lieder unserer Zeit und verrät auch etwas darüber, was hilft, damit aus einem Song ein Hit wird: sich von Menschen berühren zu lassen.

A Day In The Life

THE BEATLES

Tara Browne war der Inbegriff des Swinging London der Sechzigerjahre. Er sah gut aus, war reich, kannte die Beatles und die Stones und experimentierte mit Drogen herum. Tara starb, nachdem er mit seinem türkisfarbenen Lotus Elan über eine rote Ampel gefahren und mit einem geparkten Truck kollidiert war. Zeugen berichteten, dass er Minuten vor dem Unfall mit geschätzten 160 Kilometern pro Stunde die Earls Court Road entlanggefahren war. Er verstarb am Tag nach dem Unfall im Krankenhaus.

Tara Browne wurde reich und privilegiert geboren. Sein Vater, Dominick Browne, war der vierte Baron Oranmore and Browne, ein anglo-irischer Aristokrat, der bis zu Tony Blairs Reformen rekordverdächtige 71 Jahre lang Mitglied des House of Lords war. Seine Mutter, Oonagh Guinness, die jüngste der drei »Golden Guinness Girls« und Erbin des Brauereivermögens, brachte ihr Vermögen in die Ehe ein. Zu der Zeit, als ihr Sohn die Straßen Londons mit seinem Sportwagen, der eine Karosserie aus Fiberglas hatte, unsicher machte, war sie in dritter Ehe verheiratet.

Tara besuchte die britische Eliteschule Eton, wo er viele der Menschen kennenlernte, die Teil der hippen Londoner Szene der Sechzigerjahre wurden. Außerdem freundete er sich mit dem aufstrebenden Dichter Hugo Williams an, der in der Zeitschrift *Spectator* über ihre gemeinsame Zeit schrieb: »Mit 15,

Der zerstörte türkisfarbene Lotus Elan des Guinness-Erben Tara Browne.
Die Beifahrerin, das Model Suki Potier, überlebte den Unfall unverletzt.

1960, konnte Tara kaum lesen, weil er Dutzende Male die Schule gewechselt hatte ... Mit seinen grünen Anzügen, malvenfarbigen Hemden mit blauen Manschettenknöpfen, seinen blonden Locken, Brokatkrawatten und Schnallenschuhen, Menthol-Zigaretten rauchend (immer Salem) und Bloody Mary trinkend war er der kleine Lord, Beau Brummell, Peter Pan, Terence Stamp in *Billy Budd*, David Hemmings in *Blow Up*. Sein affektierter irischer Akzent war das perfekte Gegengift zu unserer Privatschulzurückhaltung und wurde ›Nachkriegsnüchternheit‹ genannt.«

Nachdem er die Schule verlassen hatte, widmete Browne seine Aufmerksamkeit der aufkeimenden Londoner Szene. Mit 18 heiratete er Noreen McSherry, mit der er zwei Söhne hatte, Dorian und Julian. Er eröffnete ein Geschäft in der King's

Mit 21 war Browne bereits verheiratet, hatte zwei Kinder und stand vor einer Scheidung.

Road, dem Zentrum von Swinging London. Während Hugo Williams die Welt bereiste und Gedichte für seine erste Veröffentlichung sammelte, hing der Ehrenwerte Tara Browne (nach dem Tod seines Vaters würde er den Titel des Barons erben) mit John Paul Getty herum und wurde zu einem festen Bestandteil der hippen Londoner Kreise. Als er und Williams sich wieder begegneten, hatten sie sich in verschiedene Richtungen entwickelt.

»Durch sein Geld und seine Jugend wurde er zur leichten Beute für bestimmte charismatische Typen aus Chelsea, die ihn, wie er es freundlich bezeichnete, zu ›jemandem, der anderen auf den Leim geht‹ machten. Angeblich hat er Paul McCartney zu seinem ersten LSD-Trip verholfen. Die beiden fuhren zusammen

nach Liverpool, dröhnten sich zu und kurvten mit Mopeds durch die Stadt, bis Paul über den Lenker flog und sich einen Zahn ausbrach. Sie mussten Pauls Tante Bett anrufen und sie um Hilfe bitten. Es gibt immer noch Leute – und ein Buch mit dem Titel *The Walrus Was Paul* –, die glauben, dass Paul tot ist und es sich bei ihm eigentlich um Tara Browne handelt, der eine Schönheitsoperation hatte.«

Als Browne am 18. Dezember 1966 seinen tödlichen Unfall erlitt, hatten er und seine Frau Noreen sich bereits auseinandergelebt und es war ein heftiger Sorgerechtsstreit im Gang. Auf dem Beifahrersitz saß bei dem Unfall seine neue Freundin, das Model Suki Potier. Sie überstand den Zusammenprall unverletzt. Bei der Befragung durch die Polizei behauptete sie, dass Browne nicht schnell gefahren sei und versucht habe, einem entgegenkommenden Fahrzeug auszuweichen. Am 17. Januar 1967 berichtete die *Daily Mail* von der Untersuchung. John Lennon saß an seinem Piano und komponierte, als er in der Zeitung die Nachricht von seinem privilegierten Bekannten las – »a lucky man who'd made the grade«.

He blew his mind out in a car
He didn't notice that the lights had changed
A crowd of people stood and stared
They'd seen his face before
Nobody was really sure
If he was from the House of Lords

Brownes Tod war die Inspiration für die Hälfte des Songtextes, der von vielen als der beste Song der Beatles angesehen wird. *A Day In The Life* ist das letzte Stück auf dem Album *Sgt.*

Pepper's Lonely Hearts Club Band. Der Track ist eine Verschmelzung von zwei Songhälften. Die eine hatte Lennon geschrieben, die andere McCartney. Der Produzent George Martin führte beide Teile mit einem orchestralen Arrangement zusammen und das Ganze endete mit einem E-Dur-Akkord, der den Himmel symbolisierte.

Die BEATLES steckten die Welt in Flammen und wurden das bekannteste Quartett des Planeten. *A Day In The Life* ist der letzte Track auf *Sgt. Pepper's Lonely Hearts Club Band* – das oft als großartigstes Album aller Zeiten bezeichnet wird. Der Song wurde nie als Single veröffentlicht, ist aber wie so viele andere Lieder sehr bekannt. Das Album erhielt in den Jahren nach seiner Veröffentlichung 1967 viele Preise. In den USA bekam *Sgt. Pepper* elfmal Platin, was nur von den späteren Veröffentlichungen *The Beatles* und *Abbey Road* getoppt wurde.

Tara Browne in der Mitte auf dem Rücksitz eines psychedelischen Buicks. Vorn sitzen Binder, Edwards und Vaughan (BEV), die die psychedelische Fassade seiner Boutique »Dandy Fashions« in der King's Road gestaltet und Kunst an Brownes AC Cobra und Paul McCartneys Piano produziert hatten. Das Auto schmückte später das Cover der Kinks-Single »Sunny Afternoon«.

Amazing

GEORGE MICHAEL

Als Mitglied des britischen Popduos Wham! schmückte George Michael in den Achtzigern die beposterten Wände der Teenagerzimmer unzähliger Mädchen. Aber die anhaltende Frage nach seiner Sexualität wurde erst beantwortet, als er 1998 in Los Angeles auf einer Parktoilette wegen unsittlichen Verhaltens verhaftet wurde. Dieser Skandal gab auf sehr öffentliche Weise Auskunft über Michaels sexuelle Orientierung.

Im Sommer 1996, zwei Jahre vor diesem Zwischenfall, war er mit dem amerikanischen Geschäftsmann Kenny Goss zusammengekommen. Das Paar führte zur Zeit des Undercovereinsatzes der Polizei eine Beziehung, allerdings erschütterte der Vorfall die Medien weit mehr als das Verhältnis zwischen George und Kenny. Goss erinnerte sich in einem Interview mit der amerikanischen Talkshowmoderatorin Oprah Winfrey an den Moment, in dem er es erfahren hat: »Er hat mich angerufen und gesagt: ›Du wirst nicht glauben, was ich getan habe.‹ – ›Bist du wegen Trunkenheit am Steuer festgenommen worden?‹ – ›Wenn es das nur wäre …‹«

George hat oft betont, wie sehr er Kennys Verständnis für sein extravagantes Wesen schätzt, und dass diese Toleranz ihre

---

Kenny Goss und George Michael 1999 bei der
Geburtstagsparty von Elle Macpherson.

Beziehung über die Jahre gestärkt hat. »Wir hatten unsere Probleme, aber wir hatten nie Probleme mit meinem Lifestyle«, war Georges Ansicht. Kennys Nachsicht und Akzeptanz werden in *Amazing* hervorgehoben. George singt in der Hommage auf seinen Freund:

You tried to save me from myself
Said »Darling, kiss as many as you want!«

Seine Wertschätzung gegenüber Goss ist vielleicht auch der Tatsache geschuldet, dass sie sich kennengelernt haben, als George sich nach dem Krebstod seiner Mutter an einem Tiefpunkt befand. Georges Gefühle spiegeln sich in den Anfangszeilen des Songs wider: »I was mixed up when you came to me, too broke to fix.«

Die glühende Bewunderung in Liedform für seinen Partner wurde 2004 veröffentlicht, nachdem sich die Aufregung um den Skandal von 1998 schon lange gelegt hatte. *Amazing* schaffte es in die Top 5 in Großbritannien, denn die Fans mochten die von Dance Music beeinflusste Nummer. Das Album, aus dem der Song stammt, *Patience*, war sogar noch erfolgreicher und erreichte in Großbritannien die Spitze der Charts sowie in den USA Platz zwölf.

Beim Auftaktkonzert seiner *Symphonica*-Tour im August 2011 verkündete George, dass er nicht mehr mit seinem langjährigen Partner zusammen sei. »Kenny und ich sind bereits seit zweieinhalb Jahren getrennt«, erklärte er den Fans, wobei ihm fast die Stimme versagte. Er betonte, dass er es bereue, seinem Exfreund Kummer bereitet zu haben. Und er fügte hinzu, dass es besser sei, ehrlich mit der Situation umzugehen. »Dieser Mann hat mir eine Menge Freude und eine Menge Schmerz bereitet. Die

Wahrheit ist, dass mein Liebesleben viel turbulenter war, als ich je zugegeben habe ... Ich bin sehr traurig über meine Beziehung mit Kenny«, sagte er.

Dann stellte er einen neuen Song vor, *Where I Hope You Are*, zu dem ihn die Trennung inspiriert hatte.

GEORGE MICHAEL ist griechisch-zypriotischer Abstammung und wurde 1963 als Georgios Panayiotou in London geboren. Mitte der Achtziger war er Mitglied des Duos Wham! und 1987 eroberte er Amerika mit seinem ersten Soloalbum, *Faith*. Nach einem jahrelangen Rechtsstreit mit der Plattenfirma Sony veröffentlichte er 1996 das ruhige Album *Older*.

2006 ging Michael nach 15 Jahren zum ersten Mal wieder auf Tour. Er trat in 41 Ländern vor zwei Millionen Fans auf. In den letzten Jahren machte er eher Schlagzeilen, weil er wegen weicher Drogen und Medikamentenmissbrauch mit dem Gesetz in Konflikt gekommen war. Mithilfe von Twitter blieb er allerdings mit seinen Fans in Kontakt.

Andy's Chest

LOU REED

Der Pop-Art-Künstler und Illustrator Andy Warhol gründete 1962 seine legendären New Yorker Studios The Factory. Schnell wurden diese Ateliers zum angesagtesten Ort für Künstler, Musiker und Bohemiens. Ab 1965 beschäftigte sich Warhol zunehmend mit Filmen und Musik. Lou Reed und seine Band The Velvet Underground gerieten über einen gemeinsamen Bekannten in seine Einflusssphäre. Warhol wurde zum Manager der Band und finanzierte diese. Als Gegenleistung verlangte er, dass sein Protegé, das deutsche Model Nico, als Sängerin in die Band aufgenommen wurde. The Velvet Underground tourte als Teil von Warhols multimedialer Performanceshow *Exploding Plastic Inevitable* – Tanz, Film und Aktionskunst – durch Amerika.

Reed bestätigte, dass Warhol eine zentrale Rolle beim Aufstieg von The Velvet Underground gespielt hat. »Wir haben Konzerte gegeben und dabei nicht einmal genug verdient, um den Auftritt am nächsten Abend auf die Beine stellen zu können. Andy hat ständig irgendwelche Werbegrafiken gemacht, um das Geld für die Konzerte zu beschaffen. Deshalb sind wir zusammengeblieben. Das lag nur an ihm.«

Warhol produzierte ihr erstes Album, *The Velvet Underground And Nico*, und entwarf das berühmte Bananen-Cover. Ende 1967 verlor er aber anscheinend das Interesse an der Band und Reed feuerte ihn als Manager.

Am 3. Juni 1968 wurde Warhol in der Factory von der radikalen Feministin Valerie Solanas angeschossen, die ein

Lou Reed

The Velvet Underground mit Andy Warhol (v. l. n. r.): Nico, Andy Warhol, Doug Yule, Lou Reed, Sterling Morrison und John Cale (sitzend).

kleines Licht in dem Studio gewesen war und der Wahnvorstellung unterlag, dass Warhol sie kontrollierte und dass sie sich nur von ihm befreien konnte, indem sie ihn umbrachte. Der Künstler wurde lebensgefährlich verletzt, und obwohl er sich erholte, hinterließ der Mordversuch physische und seelische Narben. »Bevor ich angeschossen wurde, hatte ich immer das Gefühl, nur halb statt ganz da zu sein – ich habe immer vermutet, dass ich Fernsehen gucke, statt ein Leben zu führen. Die Leute sagen manchmal, dass es unrealistisch ist, wie Dinge in Filmen passieren, aber eigentlich ist es unrealistisch, wie

Andy's Chest

Dinge im wahren Leben passieren. Im Film wirken Gefühle so stark und echt, aber wenn einem wirklich etwas passiert, ist es, als würde man fernsehen – man spürt nichts. Als ich angeschossen wurde, wusste ich, dass ich fernsah. Die Sender ändern sich seitdem, aber es ist immer Fernsehen.«

Obwohl Warhol von Reed gefeuert worden war, schrieb der Musiker kurz darauf *Andy's Chest* als Zeichen des guten Willens. »Es geht darum, was ich davon hielt, dass Andy angeschossen worden war«, sagt Reed. »Darum geht es, auch wenn die Lyrics nicht diesen Anschein erwecken.« Er behauptet

LOU REED war der Hauptsongwriter von The Velvet Underground, einer der einflussreichsten Rockbands aller Zeiten. Mit seinem zweiten Soloalbum, *Transformer*, und der Hitsingle *Walk On The Wild Side*, die genau wie *Andy's Chest* und viele andere Songs des Albums von Warhols Factory inspiriert war, machte Reed sich einen Namen.

Nach Warhols Tod 1987 arbeitete Reed mit John Cale an dem biografischen Album *Songs For Drella* – Drella war Warhols Spitzname. The Velvet Underground taten sich 1992 noch einmal kurz zusammen. *Perfect Day* aus dem Album *Transformer* erlangte Popularität, als der Song 1997 als Charity-Single veröffentlicht wurde.

auch, dass es sich um ein Liebeslied handele. Die Original-
version von The Velvet Underground von 1968 erschien erst
1985 auf dem Album *VU*, einer Sammlung bisher unveröffent-
lichter Songs. Reed arrangierte *Andy's Chest* für sein Album
Transformer (1972), das von David Bowie und dem Gitarristen
Mick Ronson produziert wurde, neu.

Warhol starb 1987 nach einer Gallenblasenoperation.
Zwar stammt die Aussage »In der Zukunft wird jeder für
15 Minuten berühmt sein« von ihm, er gehört aber selbst zu
einer elitären Gruppe von Künstlern, deren Werke für über
einhundert Millionen Dollar verkauft wurden. Seine Sieb-
drucke von Campbell's-Suppendosen und Marilyn Monroe
gehören zu den bekanntesten Kunstwerken des 20. Jahrhunderts.

Back On The Chain Gang

THE PRETENDERS

Es ist erstaunlich, dass ein so fröhlicher und flotter Popsong wie *Back On The Chain Gang* von den Pretenders von so tragischen Umständen inspiriert wurde. Bei genauerer Betrachtung der Lyrics entdeckt man allerdings Hinweise auf die Themen Geburt, Tod, Sucht und Verrat.

Die Pretenders wurden 1978 gegründet, um die Songs der Sängerin und ehemaligen Journalistin Chrissie Hynde zu spielen. Der erste Hit der Band war jedoch eine Coverversion von *Stop Your Sobbing* von Hyndes Songwriteridol Ray Davies. Davies war seit 1964 Leadsänger der britischen Kultband The Kinks. Hynde lernte ihn schließlich 1980 während einer US-Tour kennen. Die beiden begannen eine Affäre und Ray verließ für Chrissie seine Frau. Im Mai 1982 gaben sie bekannt, dass sie ein gemeinsames Kind erwarteten.

Sie führten eine stürmische Beziehung. Ihre Hochzeit wurde abgeblasen, nachdem sie sich vor der geplanten Trauung so heftig stritten, dass der Standesbeamte sich weigerte, sie durchzuführen. Hynde fing an, den Song, der zu *Back On The Chain*

Ray Davies 1980 bei einem Liveauftritt der Kinks. Ray hatte auf der Bühne eine stürmische Beziehung zu seinem Bruder und abseits der Bühne zu Chrissie Hynde.

Gang werden sollte, zu schreiben, als sie sich das Foto von Ray ansah, das sie in ihrem Portemonnaie bei sich trug.

I found a picture of you
… Now we're back in the fight

Nach einigen Charterfolgen, zwei Alben, die sich hervorragend verkauft hatten, und einer Reihe Welttourneen forderte der Rock'n'Roll-Lifestyle seinen Tribut von den Pretenders. Am 14. Juni 1982 feuerte Hynde den Bassisten Pete Farndon, mit dem sie früher eine Affäre gehabt hatte, weil er aufgrund seiner Drogensucht streitlustig und unzuverlässig war. Zwei Tage später waren die Bandmitglieder und Fans gleichermaßen bestürzt, als sie erfuhren, dass der Gitarrist der Pretenders, James Honeyman-Scott, an einer Überdosis Kokain gestorben war.

»Er sorgte für den Sound der Pretenders«, sagte Chrissie später. »Ich klinge nicht so.« Honeyman-Scotts Tod schockierte die Musikerin zutiefst. Die britischen Medien fielen über sie her, als sie Wind von einem weiteren Drogenskandal in der Musikbranche bekamen. In dem Song heißt es: »The phone, the TV, and the news of the world … descended like flies«. Chrissie flüchtete sich in die Arbeit.

Die Lyrics, an denen sie gerade arbeitete, änderten die Richtung. Plötzlich ging es weniger um Davies und mehr um »Jimmy Scott«, seine Bedeutung für die Band und den Druck, dem Popmusiker ausgesetzt sind und der sie zu Exzessen treibt. Knapp einen Monat später, am 20. Juli 1982, begab sich die schwangere Hynde mit einem improvisierten Line-up der Pretenders ins Studio, um den Song aufzunehmen. Zu den eilig zusammengetrommelten Musikern gehörten die Gitarristen Robbie McIntosh (Honeyman-Scotts Empfehlung, um den Sound der Band zu verbessern) und Billy Bremner, der sich das unverwechselbare Solo einfallen ließ.

The Pretenders

Ein seltenes Fanfoto aus den Achtzigern von Ray und Chrissie, hier mit Brian Hibbard (rechts).

Bremner begann seine Karriere 1966 in Lulus Backingband The Luvvers und war später Mitglied von Rockpile, dessen Bandleader Dave Edmunds das vielschichtige Gitarrenspiel von Honeyman-Scott inspiriert hatte. Der Bassist Nick Lowe, der das Cover der Pretenders von Ray Davies' *Stop Your Sobbing* produziert hatte, vervollständigte die Band.

Nach Veröffentlichung der Single 1982 feierten die Fans *Back On The Chain Gang* als Hommage auf den verstorbenen Gitarristen der Band. Als der gefeuerte Bassist Farndon im April 1983 ebenfalls an den Folgen von Drogenmissbrauch verstarb – er war nach einer Überdosis Heroin in seiner Wanne ertrunken –, erlangten die Themen des Songs noch größere Aktualität.

Chrissie Hyndes Leben war auch nach *Back On The Chain Gang* nicht weniger turbulent als zuvor. Der Song hatte kaum die Charts verlassen, als im Januar 1983 Chrissies und Rays

Tochter Natalie geboren wurde. Beide Elternteile gingen weiterhin mit ihren Bands auf Tour und hatten ab und zu – wenn es ihre Launen zuließen – Gastauftritte bei dem jeweils anderen. Hynde bestand darauf, Natalie mit auf Tour zu nehmen.

Im Januar 1984 gastierten die Pretenders im Rahmen ihrer Welttournee bei zwei Festivals in New South Wales in Australien, bei denen auch die Simple Minds auftraten. Chrissie fing eine Affäre mit dem Sänger der Simple Minds, Jim Kerr, an. Im Mai desselben Jahres heiratete sie Kerr.

Als Yasmin, die Tochter von Hynde und Kerr, 1987 auf die Welt kam, waren die Pretenders nicht aktiv. Aber nachdem ihre Ehe mit Kerr 1990 geschieden wurde, nahm Hynde die Zügel wieder in die Hand. Die Pretenders gehen noch heute auf Tour und veröffentlichen Musik, wobei die Frontfrau wie eh und je über das Line-up und die Richtung der Band bestimmt.

Nach dem Ende seiner Beziehung zu Hynde stürzte sich Ray Davies in die Arbeit und schrieb das Drehbuch zu dem Fernsehfilm *Return to Waterloo* (1984), bei dem er auch Regie führte. Der Soundtrack war sein erstes Soloalbum. Er blieb Leadsänger der Kinks, bis diese sich 1996 trennten. Seither gibt er regelmäßig Konzerte als Solokünstler und veranstaltet Lesungen.

Obwohl Ray seine Frau für Chrissie verlassen hat, bleibt er verbittert darüber, dass Chrissie ihn verließ, um mit Jim Kerr zusammen zu sein. Sie haben seit damals nicht mehr miteinander gesprochen. Dennoch bat Davies die Pretenders, den Kinks-Hit

Waterloo Sunset zu spielen, als die Band 2005 in die UK Music Hall of Fame aufgenommen wurde.

2009 hat die gemeinsame Tochter Natalie es gewissermaßen geschafft, die Eltern wieder zusammenzuführen. Ray und Chrissie sangen gemeinsam für die weihnachtliche Charity-Single *Postcards*

From London, auf die Natalie ihre Mutter aufmerksam gemacht hatte. Aber der Vater bemühte sich bei der Promotion der Single, Abstand zu seiner ehemaligen Partnerin zu halten. Er sagte in aller Deutlichkeit, dass sie sich nicht von Angesicht zu Angesicht gegenübergestanden hätten, sondern dass Chrissie ihren Teil allein in einem Studio eingesungen habe. »Der Song wurde nicht an einem Lagerfeuer oder so aufgenommen«, betonte er in einem Interview mit dem *Independent*. »Sie war nicht meine erste Wahl. Ich wollte Dame Vera Lynn [die in den Vierzigern die Truppen unterhalten hatte].«

Hynde behauptete ihrerseits während einer Internetübertragung für AOL: »Ich würde mich eher erschießen, als *Back On The Chain Gang* zu singen.«

THE PRETENDERS bestanden ursprünglich aus drei britischen Musikern – Bassist Pete Farndon, Gitarrist James Honeyman-Scott und Drummer Martin Chambers – und der amerikanischen Frontfrau und Songwriterin Chrissie Hynde. Die Single *Brass In Pocket*, die sich 1979 an die Spitze der britischen Charts setzte, markierte nur ein Jahr nach ihrer Gründung den Höhepunkt der Karriere der Band, denn durch den von Drogen verursachten Tod von Farndon und Honeyman-Scott war das ursprüngliche Quartett zerstört.

Hynde hat mit der Band bis heute weitergemacht, hin und wieder unterstützt von Chambers. Sie war und ist eine starke Songwriterin und Künstlerin. Als ihre Band 2005 in die Rock and Roll Hall of Fame aufgenommen wurde, sagte sie: »Ich weiß, dass die Pretenders in den letzten zwanzig Jahren wie eine Tributeband ausgesehen haben … Wir zollen James Honeyman-Scott und Pete Farndon Tribut, ohne die wir heute nicht hier wären.«

Back To Black

AMY WINEHOUSE

Back To Black ist ein Song, der nicht nur eine Beziehung, sondern eine geplagte, aber brillante Künstlerin definiert. Er ist der Titeltrack eines von den Kritikern gefeierten Albums, das nach seiner Veröffentlichung 2006 enorm populär war. Fünf Jahre später erhielt es durch tragische Umstände neuen Aufschwung. *Back To Black* bildet die Turbulenzen und Qualen einer ungesunden Beziehung und eines unausgeglichenen Lebensstils ab, der Amy Winehouse letzten Endes das Leben kosten sollte.

Obwohl sie für den Kampf gegen ihre Alkohol- und Drogensucht genauso bekannt war wie für ihre Musik, waren es ihre Stimme und ihr Talent, die die Massen auf sie aufmerksam machten. Als Wegbereiterin moderner Künstlerinnen hatte sie auch in Amerika Erfolg, was nach den Neunzigern für britische Sängerinnen fast unmöglich schien.

Ihr Debütalbum *Frank* war kein weltweiter Charterfolg, zeigte aber eine jugendlich frische Amy, die vor allem über einen Exfreund sang. In ihrem Heimatland Großbritannien war das Album ein Hit und landete in den Top 20. Außerdem wurde es für den Mercury Music Prize nominiert. Auf *Back To Black*, das im Oktober 2006 veröffentlicht wurde, war eine völlig neue Amy Winehouse zu hören. Der neue Look – die schon bald zu ihrem Markenzeichen werdende Beehive-Frisur – und der souligere Sound waren zwar aufregend, deuteten aber auch eine Veränderung ihrer Persönlichkeit an, die den Rest ihres kurzen Lebens definieren sollte.

Amy Winehouse im Mai 2007 mit ihrem Markenzeichen, der Beehive-Frisur, bei einem Videodreh in Los Angeles neben ihrem Ehemann Blake Fielder-Civil.

Während die Hitsingle *Rehab* aufgrund ihrer gut belegten Aufenthalte in Entzugskliniken oft als Amys prägender Song gepriesen wird, bietet *Back To Black* einen intimeren Einblick in ihr Gefühlsleben. Die vom Jazz beeinflusste Ballade war die dritte Single aus dem preisgekrönten Album und wurde im April 2007 nach den Erfolgen von *Rehab* und *You Know I'm No Good* veröffentlicht. Gleichzeitig geriet die Sängerin durch ihr Verhalten immer öfter in die Schlagzeilen der Boulevardpresse.

Amy Winehouse hatte Blake Fielder-Civil, der als Produktionsassistent beim Fernsehen arbeitete, 2005 kennengelernt und war danach angeblich sofort den Drogen verfallen. Fielder-Civil bedauerte später die Rolle, die er dabei gespielt hatte: »Es war der größte Fehler meines Lebens, vor ihren Augen Heroin zu nehmen. Durch mich hat sie Heroin, Crack und Selbstverletzungen kennengelernt. Ich fühle mich mehr als schuldig.«

Die On-Off-Beziehung des Paares war die Inspiration für die meisten Songs von *Back To Black*, unter anderem auch für den Titelsong, in dem Amy sich grämt, weil ihr Liebster zu seiner Exfreundin zurückgekehrt ist. »We only said goodbye with words – I died a hundred times«, singt sie. Die Lyrics zeigen den Einfluss, den Blake schon zu Anfang ihrer Affäre auf Amys Leben hatte.

Sie erzählte CNN von der Inspiration zu dem Song: »Es geht darum, dass man nach dem Ende einer Beziehung wieder zu dem zurückkehrt, was man kennt. Allerdings hatte ich keinen Job, also konnte ich mich nicht in die Arbeit stürzen. Und als der Typ, mit dem ich zusammen war, wieder zu seiner Exfreundin zurückkehrte, hatte ich nichts, zu dem ich zurückkehren konnte. Also habe ich ein paar dunkle Monate durchlebt, in denen ich dumme Dinge getan habe, Dinge, die man eben tut, wenn man 22 und verliebt ist.«

Amy ging zwar nicht ins Detail, was diese »dummen Dinge« waren, doch der Text des Songs zeigt das Ausmaß ihrer kaputten, aber dennoch intensiven Beziehung zu Fielder-Civil. Obwohl viele meinen, dass sie ihr Leben zu diesem Zeitpunkt noch unter Kontrolle hatte, gibt der Text Hinweise auf die Drogen, die weiterhin ihr Leben bestimmten: »I love you (so) much, it's not enough – you love blow and I love puff.«[1] Durch die Versöhnung mit Blake nach Veröffentlichung des

---

[1] *»Blow« und »puff« sind Slangausdrücke für Kokain und Marihuana.*

Amy Winehouse

In »relativ« guten Zeiten: ein gemeinsamer Spaziergang durch New York im August 2007.

Albums empfand Amy es später als »seltsam«, die Texte live zu singen. Aber die Tatsache, dass sie wieder zusammen waren, nahm den Tracks nicht das schmerzliche Wesen. 2007 sagte sie zu ihrem Publikum: »Wir sind getrennte Wege gegangen, haben dann aber erkannt, dass wir uns lieben. Das Leben ist zu kurz.« Später dachte Amy über die Trennung nach: »Blake und ich haben uns die schrecklichsten Dinge angetan, die sich zwei Verliebte antun können. Ich denke, wir waren zu jung, als wir uns kennengelernt haben, und nicht auf die Gefühle vorbereitet, die wir füreinander hatten. Es war zu viel – wir waren ausgebrannt.«

Aber die Flamme der Leidenschaft für Blake erlosch nicht. Das Paar kam wieder zusammen, als *Back To Black* zu einem großen Erfolg wurde. Im Mai 2007 fand die Hochzeit statt. Ihre zweijährige Ehe wurde jedoch von Berichten über Streit und Drogenmissbrauch in den Klatschzeitungen überschattet. Als Blake 2008 ins Gefängnis musste, ging es mit Amys Leben bergab.

Sobald Fielder-Civil 2009 entlassen worden war, ging die Ehe in die Brüche, weil er die Scheidung eingereicht hatte. Er beschuldigte Amy aufgrund von Fotos, die sie im Urlaub mit einem anderen Mann zeigten, des Ehebruchs.

Trotzdem spielte Blake bis zum Ende eine wichtige Rolle in Amys Leben, wenngleich auch nicht immer direkt. Er lernte eine andere Frau kennen – ausgerechnet bei einem Entzug –

und Amy kam mit dem britischen Schauspieler Reg Traviss zusammen. Dennoch blieb das ehemalige Paar in Kontakt und es kamen Gerüchte auf, dass sie sich spätnachts Nachrichten schrieben.

Im Juli 2011 wurde Amy Winehouse in ihrem Apartment in Camden tot aufgefunden. Anfangs war die Todesursache unklar, aber am 26. Oktober 2011 gab der Gerichtsmediziner bekannt, dass die Sängerin nicht an einer Überdosis Drogen, sondern an einer Alkoholvergiftung gestorben war. Obwohl sie fast zwei Jahre geschieden waren, äußerte Blake vom Gefängnis aus seine Bestürzung gegenüber der *Sun*: »Ich bin überaus untröstlich … Meine Tränen trocknen nicht. Ich werde nie wieder die Liebe fühlen, die ich für sie empfunden habe. Jeder, der mich und Amy kannte, wusste auch, wie tief unsere Liebe war. Ich kann nicht glauben, dass sie tot ist.«

Fans und Kritiker beklagen den Verlust eines Menschen, der überaus talentiert war und viel Potenzial hatte.

AMY WINEHOUSE sicherte sich neben Jimi Hendrix, Kurt Cobain und Jim Morrison einen Platz im Klub 27, als sie im Juli 2011 verstarb. Die Behauptung, dass sie »Großbritanniens Aretha Franklin« war, ist lächerlich, da sie nur zwei Alben veröffentlicht hat – ein drittes wurde vor ihrem Tod in den Phasen, in denen es ihr gut ging, gerade aufgenommen. Aber es besteht kein Zweifel daran, dass es große Parallelen zu Janis Joplin gibt, denn auch deren Niedergang wurde von vielen vorhergesagt und ihre Songs handelten von ihrem persönlichen Kummer und ihren Qualen. Amys Debütalbum *Frank* erhielt eine Nominierung für den Mercury Music Prize, *Back To Black* und der Song *Rehab*, der von dem Album stammt, wurden dagegen sechsmal für einen Grammy nominiert. Am Ende erhielt Amy fünf Preise, womit der Rekord für die meisten Awards, die eine Künstlerin an einem Abend gewonnen hat, gebrochen wurde. Das Album gewann unter anderem den begehrtesten Award des Abends – »Record of the Year«. Für ihren kometenhaften Aufstieg zahlte Amy einen hohen Preis.

Bobby Jean

BRUCE SPRINGSTEEN

Man könnte leicht annehmen, dass *Bobby Jean* ein Song über das Ende einer Beziehung zu einer Frau ist, dass Bruce Springsteen über die Trennung von einer Liebhaberin singt. Doch der Name – halb männlich, halb weiblich – ist absichtlich mehrdeutig und Springsteen meint, dass der Song von »jugendlicher Freundschaft« handele.

Der fragliche Freund ist Steven Van Zandt, der Gitarrist von Springsteens E Street Band, der ein langjähriger Mitarbeiter und Vertrauter des Sängers ist. Die beiden Männer wuchsen zusammen in New Jersey auf. Van Zandt spielte in Springsteens früherer Band Steel Mill mit und die beiden stellten fest, dass sie die gleichen Dinge mochten. Im Song heißt es: »We liked the same music, we liked the same bands, we liked the same clothes.«

Als Springsteen 1972 einen Plattenvertrag erhielt, trommelte er die besten Musiker aus New Jersey zusammen, die dann die E Street Band bildeten. Van Zandt, der gerade anderweitig beschäftigt war, stieß erst 1975 dazu, als die Band gerade mit *Born To Run* auf Tour war. Er leistete auch seinen Beitrag in den Aufnahmesessions zu dem Album, indem er »dem Boss« in seiner direkten Art seine Meinung sagte. »Alles, was ich auf *Born To Run* gemacht habe, war das Bläserarrangement auf *10th Avenue Freeze-Out*. Ich hing einfach nur im Studio rum.

Der Boss und sein Oberleutnant: Bruce mit Steven Van Zandt, 1980.

Bobby Jean

Er fragte mich: ›Was denkst du?‹ Und ich antwortete: ›Ich finde es scheiße.‹ Daraufhin er: ›Na dann bring es verdammt noch mal in Ordnung.‹ Also habe ich es in Ordnung gebracht.«

Bobby Jean stellt Springsteens Abschiedsgruß an Van Zandt dar, der die E Street Band nach den Aufnahmen zu *Born In The U.S.A.* 1984 verließ.

And I'm just calling one last time not to change your mind
But just to say, »I miss you, baby, good luck, goodbye,
Bobby Jean.«

Van Zandt, der von Springsteen den Spitznamen »Miami Steve« erhalten hatte, war und ist selbst Songwriter und Produzent. Besonders seine Arbeit mit Southside Johnny & the Asbury Jukes ist erwähnenswert. Nachdem er die E Street Band verlassen hatte, war die Single *Sun City* von Artists United Against Apartheid von 1985 sein bekanntestes Projekt. Viele große Künstler, darunter auch Bruce Springsteen, beteiligten sich an diesem Song, mit dem auf die Apartheid in Südafrika aufmerksam gemacht werden sollte. Van Zandt war auch Frontmann seiner Band Little Steven and the Disciples of Soul, die fünf Alben herausbrachte.

Obwohl er keine Erfahrung als Schauspieler hatte, nahm Van Zandt 1999 die Rolle des Silvio Dante in der viel gepriesenen TV-Serie *Die Sopranos* an. Er erhielt für seine Rolle als rechte Hand des Mafiabosses Tony Soprano viel Lob. Über seine Schauspielmethode sagt Van Zandt: »Ich habe meine Rolle in *Die Sopranos* nach dem Vorbild der Rolle gestaltet, die ich im wahren Leben bei Bruce gespielt habe. Silvio muss Tony Soprano schlechte Nachrichten überbringen und der wird dann richtig wütend. Das gehört eben dazu, wenn man ein Consigliere ist oder im wahren Leben der beste Freund. Die Hauptaufgabe eines Produzenten ist es, dem Künstler zu sagen, dass der Song noch nicht gut genug ist. Man versucht, so ehrlich wie möglich zu sein, ohne dabei zu beleidigen. Und dann macht man weiter.«

BRUCE SPRINGSTEEN entwickelte sich nach und nach zum Superstar. Den von den Kritikern gelobten ersten beiden Alben folgte 1975 der Durchbruch mit dem Album *Born To Run* und der gleichnamigen Single. Springsteen ist bekannt für seine Marathonkonzerte und gehört auch heute noch zu den Künstlern, die man live gesehen haben muss.

Bobby Jean erschien auf *Born In The U.S.A.* von 1984, der siebten Studio-LP des Musikers. Das Album katapultierte ihn in den Rockolymp und verkaufte sich über 15 Millionen Mal. Obwohl Springsteen weiterhin mit der E Street Band auf Tour ging, war *Born In The U.S.A.* für 18 Jahre die letzte Aufnahme, bei der die Band mit vollständigem Line-up zusammenarbeitete. 1989 löste Springsteen die Band auf, die sich 1995 aber unter Beteiligung von Van Zandt wieder für kurze Zeit und 1999 für eine Reuniontour zusammentat.

Carey

JONI MITCHELL

Das Reisen hat Joni Mitchell zu einigen ihrer schönsten Lieder inspiriert. Eine Auszeit von ihrem »normalen Job« hat der introvertierten Singer-Songwriterin oft geholfen, ihre kreativen Batterien wieder aufzuladen, und ihr die Zeit und den Raum gegeben, nachzudenken.

Reisen regen sie an. 2002 veröffentlichte sie *Travelogue*, ein Doppelalbum mit orchestralen Arrangements von 22 ihrer Lieder. Drei dieser Songs stammen von *Hejira*, Jonis persönlichem Lieblingsalbum aus ihrer vierzigjährigen Karriere. *Hejira*, was auf Arabisch »Reise« bedeutet, war das Ergebnis einer Autotour quer durch die USA, von Maine nach Kalifornien, die Mitchell im Winter 1976 unternommen hatte. *Blue* (1971), das Album, auf dem sich der Song *Carey* befindet, war ebenfalls nach einer Reise entstanden – 1970 war sie auf dem Hippie-Trail durch Europa unterwegs.

Das Vorgängeralbum von 1970, *Ladies Of The Canyon*, ist Mitchells bis heute erfolgreichste Veröffentlichung. *Canyon* enthält die Hitsingle *Big Yellow Taxi* und die Hippie-Hymnen *Woodstock* und *The Circle Game*. Joni war damals ziemlich angesagt und reagierte darauf, indem sie sich eine Auszeit gönnte, um zu schreiben, zu malen und vor allem zu reisen.

1970 besuchte sie Großbritannien, Frankreich und Spanien und landete schließlich in Griechenland. In Athen stießen Joni und ihre Reisebegleiterin, eine Dichterin namens Penelope, auf Ablehnung. Als Hippies stachen sie in der Hauptstadt, die von

Der Strand in Matala im Süden Kretas 2011. Die Höhlen, die heute verlassen sind, befinden sich am Fuße der Klippe.

einer Militärjunta kontrolliert wurde, heraus. Sie flüchteten sich auf die Insel Kreta, wo es trotz der Missbilligung der Behörden an der Südküste in Matala eine blühende Hippiegemeinde gab. Dort lernte Joni Carey kennen.

In den Fünfzigern hatten die Beatniks Matala für sich entdeckt. Eine Handvoll kleiner Gebäude und Fischerhütten standen am Wasser einer kleinen Bucht zwischen zwei Klippen. Die Hippies selbst wohnten in natürlichen und von Menschen gebauten Höhlen aus dem Bronzezeitalter an der Steilküste.

Die Höhlen waren zu verschiedenen Zeiten als Leprakolonie und Grabkammern genutzt worden – zu Mitchells Horror sah sie dort Hippies, die Ketten aus Menschenzähnen trugen. Sie erinnert sich, dass sie und Penelope bei ihrer Ankunft ausgesprochen unhip aussahen – ihre Jeans hatten Bügelfalten aus der Reinigung. Nach ein paar Tagen am Strand wurden sie jedoch in der Höhlenkommune akzeptiert.

Carey

Die Häuser am Strand wurden von Griechen und Ausländern bewohnt, die von den Hippies oder den Touristen, die kamen, um diese zu sehen, lebten.

Es gab drei Geschäfte und zwei Restaurants. Als Joni an einem der Restaurants – dem Delphini Café – vorbeiging, explodierte der Gasherd und der Koch wurde aus dem Fenster geschleudert. Durch seinen dramatischen Flug gewann er sofort die Zuneigung der Sängerin und die beiden wurden gute Freunde. Der untersetzte Studienabbrecher der University of North Carolina hatte feuerrote Haare, die unter einem schmutzigen weißen Turban hervorguckten. Wegen seines Aussehens und seines Familiennamens – Raditz – erhielt er den Spitznamen »Carrot Radish« (dt. Karottenrettich). Er schenkte Joni ein paar Stiefel, als ihre ungeeigneten Stadtschuhe vom Klettern an den Felsen verschlissen waren. Sie mochten beide Mickey-Mouse-Schokoriegel und fuhren gemeinsam in Jonis VW-Bus durch Kreta. Joni schrieb ihm zum Geburtstag den Song *Carey*.

Das Delphini wurde in *Carey* zum Mermaid Café. Das Lied, das genauso von der Spannung zwischen Heimweh und sorglosem Reisen handelt wie von Carey, birgt viele Anspielungen auf die Zeit in sich, die Mitchell in Griechenland verbracht hat. Und zwar zusammen mit:

These freaks and these soldiers
… beneath the Matala Moon

Es wurde viel darüber diskutiert, was das »cane« in der Zeile »Carey, get out your cane« zu bedeuten hat. Manche glauben, dass es sich dabei um »cocaine« (dt. Kokain) handele und Mitchell auch in dem Song *Coyote* auf *Hejira* mit »the white lines of the freeway« darauf anspielt. Aber Joni beschrieb Carey 1971 als jemanden, der sich auf seinen Stock (engl. cane) stützt. 2010 tauchte im Internet das Gerücht auf, dass Joni und Carey in Matala einen Freund getroffen hätten, mit dem

Die sonnengebräunte Joni Mitchell bei ihrem Auftritt beim Isle of Wight Festival im August 1970.

sie im Delphini eine Flasche Wein tranken. Carey soll sich dann im betrunkenen Zustand den Fuß verstaucht haben, weshalb der Freund ihm einen Stock zum Laufen gab.

Diese Erklärung passt zur Atmosphäre des Songs, der ein temporeiches Bild von entspannten Zeiten und fröhlichen, lockeren Freundschaften vermittelt, das von Klatschen und einem Dulcimer begleitet wird. Joni hat sich selbst beigebracht, das Instrument zu spielen, das man bei der Reise durch Europa leichter transportieren konnte als eine Gitarre. Der Klang des Instruments dominiert das Album *Blue*, auf dem sich auch das Lied *California* befindet, das Anspielungen auf Carey beinhaltet: »Redneck on a Grecian isle ... the red, red rogue, he cooked good omelettes.«

Nach ihrem viermonatigen Aufenthalt in Matala hatte Joni Mitchell wieder genug Energie, um Konzerte zu geben. Ende August trat sie beim ersten Isle of Wight Festival auf, bei dem sie auch neue Songs, unter anderem *Carey*, spielte, die im darauffolgenden Juni auf dem Album *Blue* erschienen. Ende 1970 stand sie zusammen mit Frank Zappa im legendären Fillmore East in New York auf der Bühne und las ein neues Gedicht mit dem Titel *Penelope* vor.

Und was wurde aus Carey Raditz? Nachdem die Höhlenbewohner von der griechischen Polizei aus Matala vertrieben worden waren, folgte er dem Hippie-Trail nach Nepal. 1987 berichtete der Songwriter Eric Andersen, ein alter Freund von Mitchell, dass Carey mit ihm in New York zusammenwohnte und sein Studium beendete. In einem Interview mit der *Vanity Fair* sagte Mitchell 1997, dass Raditz immer noch Teil ihres Lebens sei. Nach einem Abstecher nach Kalifornien lebt Carey heute in Virginia, wo er als Finanzberater für Nichtregierungsorganisationen in Afrika tätig ist. Die wilden Jahre liegen hinter ihm.

Nach so langer Zeit sind die Erinnerungen an diese längst vergangenen, an die glücklichen Tage als Hippie ein wenig unzuverlässig. Viele, die behaupten, auf Kreta gewesen zu sein, erzählen unterschiedliche Geschichten. Sogar Joni Mitchell hat verschiedene Geschichten über ihre erste Begegnung erzählt, als sie den Song auf der Bühne angesagt hat. Der Titel selbst ist das beste Protokoll von Jonis Aufenthalt in Matala und die beste Beschreibung ihres Freundes Carey:

The bright red devil
Who keeps me in this tourist town

JONI MITCHELL, die für ihr zweites Album, *Clouds*, bereits einen Grammy in der Kategorie »Best Folk Performance« erhalten hatte, ließ sich bei den Aufnahmen für ihr drittes Album, *Ladies Of The Canyon,* von David Crosby beraten. Die Songs, die sie in den Monaten, in denen sie umherreiste, für ihre nächste Platte geschrieben hat, brachten sie in eine neue Liga. Viele Jahre später verglich Crosby Mitchells Talent mit seinem eigenen: »Als sie *Blue* schrieb, zog sie an mir vorbei und eilte dem Horizont entgegen.«

2002 erhielt Joni Mitchell einen Grammy für ihr Lebenswerk, nachdem *Blue* von der *New York Times* in die Liste der 25 Alben aufgenommen worden war, die Wende- und Höhepunkte der Popmusik des 20. Jahrhunderts darstellten.

Obwohl sie behauptete, sich 2002 aus dem Musikgeschäft zurückgezogen zu haben, veröffentlichte Joni 2007 *Shine*, ein Album mit neuen Songs.

Cast No Shadow

OASIS

Im Dezember 1993 waren Oasis aus Manchester noch relativ unbekannt. Obwohl die fünf Musiker von dem Plattenlabel Creation Records unter Vertrag genommen worden waren, traten sie immer noch als Vorband auf. Die Band, die für ihre Arroganz bekannt ist, strafte einige Headliner, wie zum Beispiel die Elektropop-Band Saint Etienne, mit Verachtung. Die Einladung, vor der aus Lancashire stammenden Band The Verve aufzutreten, wurde dagegen enthusiastisch angenommen. Diese Band wurde von Oasis respektiert. Verve-Frontmann Richard Ashcroft und Noel Gallagher von Oasis waren Seelenverwandte.

Als er elf Jahre alt war, wurde Ashcrofts Kindheit vom Tod seines Vaters überschattet. Der Junge geriet unter den Einfluss seines Stiefvaters, der ein Mitglied der Rosenkreuzer, einer alten mystischen Geheimgesellschaft, war. Er begann, sich für Transzendentalismus zu interessieren, was dazu führte, dass er in der Musikpresse eine Zeit lang »Mad Richard« genannt wurde, weil er behauptete, fliegen zu können – natürlich in musikalischer Hinsicht.

Richard Ashcroft gründete seine Band 1989 in seiner Heimatstadt Wigan. Mit ihrem sphärischen, psychedelischen Sound zogen sie das Publikum in ihren Bann. Nach drei von

---

Der mysteriöse und leicht ausgezehrte Richard Ashcroft von The Verve.

den Kritikern gelobten Singles veröffentlichten Verve 1993 ihr Debütalbum *A Storm In Heaven*.

Zwei Jahre später feierte Oasis mit dem zweiten Album *(What's The Story) Morning Glory* phänomenalen Erfolg. Ashcroft hatte The Verve inzwischen im September 1995 nach der Veröffentlichung des konventionelleren Rockalbums *A Northern Soul* aufgelöst. Noel Gallagher widmete *Cast No Shadow* in den Sleevenotes von *Morning Glory* »to the genius of Richard Ashcroft«. Noel erklärte, wie der Song zustande gekommen war: »Richard war eine Zeit lang nicht besonders glücklich, also habe ich den Song für ihn geschrieben und ungefähr drei Wochen später hat er die Band verlassen. Es geht um Songwriter im Allgemeinen, die verzweifelt versuchen, sich auszudrücken.«

Bound with all the weight of all the words he tried to say
As he faced the sun he cast no shadow

Der Einfluss und die Bewunderung beruhte auf Gegenseitigkeit. Ashcroft widmete den Titeltrack von *A Northern Soul* Gallagher.

Ashcroft erkannte die Bedeutung seines Freundes: »Als Oasis auftauchten, war da ein großes Vakuum, alle fürchteten sich vor Rock'n'Roll. Und Noel hat es geschafft. Noel hat gezeigt, dass es immer ein paar tolle Songs zu schreiben gibt.«

The Verve kamen 1996 wieder zusammen und feierten ihre größten kommerziellen Erfolge mit den Singles *Bitter Sweet Symphony*, *The Drugs Don't Work* und *Lucky Man* aus ihrem Jahrhundert-Album *Urban Hymns*. 1999 trennte sich die Band erneut und Ashcroft startete eine Solokarriere, doch eine weitere

Wiedervereinigung brachte 2008 das Album *Forth* hervor. Seit 2009 liegt The Verve erneut auf Eis und Richard Ashcroft beschäftigt sich mit einem neuen Projekt – RPA and the United Nations of Sound.

OASIS wurde von der turbulenten Beziehung der Brüder Liam und Noel Gallagher getrieben, die letzten Endes auch zum Aus der Band führte. Der hymnenhafte Gitarrenrock der Band war definierend für die Britpop-Ära Mitte der Neunziger. Das Album *(What's The Story) Morning Glory* von 1995 verkaufte sich weltweit über 15 Millionen Mal. Oasis füllten regelmäßig Stadien auf der ganzen Welt. Das siebte und letzte Album der Band, *Dig Out Your Soul*, erschien 2008. Nach einem heftigen Streit der Brüder verließ Noel 2009 die Band und Oasis waren Geschichte. Liam ist heute Frontmann von Beady Eye. Das neue Projekt seines Bruders heißt Noel Gallagher's High Flying Birds.

Diamonds And Rust

JOAN BAEZ

Anfang der Sechziger war Joan Baez die Königin der Folk-musik. Ihr Debütalbum *Joan Baez* von 1960 hielt sich zwei Jahre in den Billboardcharts und bekam 1961 Gesellschaft von *Joan Baez Vol 2*, das Goldstatus erreichte. Es folgten *Joan Baez Live In Concert* und *Joan Baez Live In Concert, Part 2* – auch diese beiden Alben erreichten Goldstatus. Damit war ihre Vor-herrschaft in der Folkszene der USA besiegelt.

Baez machte sich das Ethos des Revivals der amerikanischen Folkmusik zu eigen, das mit Pete Seeger, Woody Guthrie und ihresgleichen in den Vierzigern angefangen hatte. In der Zeit vor dem Pop bedeutete »popular music« noch »Musik des Volkes«, Musik für das gemeine Volk – Folkmusik. Das Folk-Revival benutzte die traditionellen Songs einfacher Menschen, um diesen in wichtigen politischen Fragen wie zum Vietnamkrieg und zur Wasserstoffbombe eine Stimme zu geben.

Beim Marsch auf Washington im August 1963 trat Baez zusammen mit Bob Dylan und anderen Folkmusikern auf, die gemeinsam das Protestlied *We Shall Overcome* sangen.

Bob Dylan und Joan Baez kurz nach ihrer Ankunft in London am 26. April 1965. Er war der Headliner auf der Europatour, sie der Supportact.

Joan Baez

Diamonds And Rust

Bei dieser Veranstaltung hielt Martin Luther King Jr. seine weltberühmte Rede *I Have A Dream*. Baez und Dylan hatten ein paar Monate zuvor zum ersten Mal gemeinsam in der Öffentlichkeit gesungen. Beim Monterey Jazz Festival und beim Newport Folk Festival (bei dem Baez 1959 ihr Debüt gegeben hatte) performten sie Dylans *With God On Our Side*.

Bob Dylan kam im Januar 1961 in New York an und machte sich in den Folkclubs in Greenwich Village einen Namen. Baez war nicht besonders beeindruckt, als sie den Newcomer in jenem Jahr zum ersten Mal sah. Sein erstes Album mit dem Titel *Bob Dylan*, das er 1962 veröffentlichte, verkaufte sich auch tatsächlich nur fünftausend Mal, womit kaum die Produktionskosten gedeckt waren. Aber als sie ihn dann beim Monterey Festival ansagte, hatte er sich als Songwriter und Sänger unsagbar weiterentwickelt. Auf seinem neuen Album, *The Freewheelin' Bob Dylan*, befand sich der Song, der zu einem neuen Protestklassiker wurde – *Blowin' In The Wind*. Dylan hatte seine Stimme gefunden.

Joan bewunderte die politische Stellungnahme von Dylans Songs und sie verschaffte dem jungen Singer-Songwriter viel Gehör, indem sie ihn häufig einlud, mit ihr zusammen aufzutreten. Diese Bewunderung verwandelte sich im Sommer 1963 in gegenseitige Anziehungskraft und die beiden gingen auf und neben der Bühne eine Beziehung ein, die zwei Jahre hielt.

Well you burst on the scene
Already a legend
The unwashed phenomenon
The original vagabond

Obwohl Joan und Bob 1941 im Abstand von nur fünf Monaten auf die Welt gekommen waren, repräsentierten sie unterschiedliche musikalische Traditionen. Das wurde besonders 1965 beim Newport Festival offensichtlich, als sich Dylan zum Entsetzen seines Publikums von elektrischen Gitarren begleiten ließ. Man kann die Bedeutung dieses Auftritts nicht überbewerten – er veränderte die Folkmusik für immer und ebnete den Weg für den Folk-Rock von The Byrds, von Joni Mitchell und anderen. Dylan war jemand, der Konventionen sprengte, und er machte deutlich, dass er sich nicht von der gängigen Meinung, wie Folkmusik zu klingen hatte, einschränken lassen würde.

Vielleicht betrachtete er Baez als eine Frau, die diese Konvention repräsentierte. Dylan fing auf jeden Fall an, sich von ihr zu distanzieren. Er ignorierte sie in der Öffentlichkeit und ihren Freunden zufolge sprach er privat aggressiv und kritisch mit ihr. Von diesem Verrat singt sie in *Diamonds And Rust*:

My poetry was lousy you said
Where are you calling from?

Jetzt war Dylan der Star und Baez der Supportact. Sie war verletzt, weil er sie bei einer Tour durch England 1965 nie mit zu sich auf die Bühne bat. Ihre Karriere war zu diesem Zeitpunkt ins Stocken geraten und sie hatte auf etwas Anerkennung gehofft, denn zwei Jahre zuvor hatte sie Dylan gefördert.

Joan verließ die Tour und kehrte vorzeitig nach Amerika zurück. Als sie zu Bobs Haus fuhr und dort Sara Lowndes vorfand, wusste sie zumindest, dass ihre Beziehung zu Ende war. Es stellte sich heraus, dass Dylan und Lowndes (eine Freundin der Tochter seines Managers) seit 1964 eine Affäre hatten. Sie heirateten schließlich im November 1965.

Baez hatte ein gebrochenes Herz, erkannte aber die Bedeutung, die Dylan für die Folkmusik hatte. 1968 veröffentlichte sie *Any Day Now*, ein Album voller Dylan-Cover. 1972 hatte sie genug Abstand zu der Affäre gewonnen und schrieb den Song *To Bobby*, in dem sie Bob Dylan drängte, sich weiterhin politisch zu engagieren. Ein Anruf von Dylan ließ 1975, fast ein Jahrzehnt nach der Trennung, die bittersüßen Erinnerungen an die Beziehung klar und schmerzhaft wieder aufkommen.

It's all come back too clearly
Yes I loved you dearly
And if you're offering me diamonds and rust
I've already paid

Er hatte sie von einer Telefonzelle im Mittleren Westen angerufen, um ihr ein paar neue Lyrics vorzulesen. Vielleicht vermisste er den Austausch, der zwischen ihnen als Musiker stattgefunden hatte. Lowndes war Schauspielerin und ein ehemaliges *Playboy*-Bunny. Baez sagte ihm, dass er nur nostalgisch sei.

Then give me another word for it
You who are so good with words
And at keeping things vague

Sie schrieb über die Diamanten und den Rost, die guten und die schlechten Erinnerungen, die man nach jeder gescheiterten Beziehung hat. Dylans und Saras Ehe hielt auch nicht und Joan verspürte vielleicht eine Art Genugtuung, als die Verbindung 1977 in die Brüche ging. Ihre eigene kurze Ehe mit Wehrpflichtgegner David Harris hielt nur von 1968 bis 1973.

Obwohl sie Dylans Nostalgie kritisch betrachtete, erklärte Joan sich einverstanden, 1975/76 bei seiner legendären *Rolling Thunder Revue* aufzutreten und mehrere Duette mit ihm zu singen. Seit damals haben die beiden sich immer wieder zusammengetan – für ein Friedenskonzert 1980 und eine wieder einmal schmerzhafte Tour 1984, bei der Baez anders als versprochen nicht mit Dylan gemeinsam auftrat, sondern lediglich sein Supportact war.

Obwohl ihre romantische Beziehung vor fast fünfzig Jahren zu Ende ging, gehören Dylan und Baez in den Augen der Fans für immer zusammen als der König und die Königin verschiedener, aber sich überlappender Folktraditionen. Baez' Memoiren von 1987 waren hasserfüllt, was Dylan angeht, aber die Erinnerungen in seinen Memoiren von 2005 waren warm. »Ihr Anblick ließ mich seufzen«, schrieb er. »Und dann war da noch ihre Stimme. Sie sang mit einer Stimme, die Gott direkt erreichte.«

JOAN BAEZ ist eine talentierte Songwriterin, wie *Diamonds And Rust* beweist, aber ihre Vorliebe für die Songs anderer Künstler hielt sie letzten Endes musikalisch auf. Ihr neuntes Album, *Joan* (1967), war eine Auswahl aktueller Popsongs, die einen Richtungswechsel weg vom streng traditionellen Folk signalisierte. In den Achtzigern und Neunzigern engagierte sich Baez weiterhin für Bürgerrechte, Gleichheit und Gewaltlosigkeit. 1985 eröffnete sie das Live-Aid-Konzert in Philadelphia. 2007 erhielt sie endlich einen Grammy für ihr Lebenswerk, nachdem sie während ihrer gesamten Karriere trotz sechs Nominierungen leer ausgegangen war.

Do You Really Want To Hurt Me

CULTURE CLUB

Wenn es nach Boy George gegangen wäre, hätte der Hit, der für Culture Club den Durchbruch bedeutete, nie das Licht der Welt erblickt. »Unsere ersten beiden Singles waren gefloppt«, erklärt er. »Diese Single war unsere letzte Chance. Aber ich habe gedroht, die Band zu verlassen, falls das Label sie veröffentlichen sollte. Ich fand, sie passte nicht zu uns. Das war keine Club-Musik. Sie würde sich nicht gegen Spandau Ballet behaupten. Doch ich habe mich geirrt.«

George hatte einen Hintergedanken, als er sich gegen die Veröffentlichung von *Do You Really Want To Hurt Me* wehrte. Die Lyrics porträtierten seine stürmische Affäre mit Jon Moss, dem Drummer der Band. »Der Song war viel persönlicher als unsere anderen Songs. Er handelte von Jon. Alle Songs haben von ihm gehandelt, aber die anderen waren mehrdeutiger.«

Precious kisses
Words that burn me
Lovers never ask you why

Der in London geborene Moss hatte bei der Punkband The Damned 1978 für eine Weile den ursprünglichen Drummer Rat Scabies ersetzt, danach kurz mit Adam and the Ants zusammengearbeitet, bevor er einen Anruf von Boy George erhielt, der ihn bat, seiner neuen Band beizutreten. Moss dachte sich den Namen Culture Club aus, eine Anspielung auf die unterschiedliche ethnische Herkunft der vier Mitglieder – »ein irischer Transvestit, ein Jude, ein Schwarzer und ein Angelsachse«. Moss behauptet auch, dass er und seine Bandkollegen George dazu überredeten, »Boy« vor seinem Namen zu tragen und nicht »Papa«.

Boy George und Jon Moss im August 1985 in Tokio.

Da die ersten beiden Singles, *White Boy* und *I'm Afraid Of Me*, keine Charterfolge waren, war die Stimmung nicht besonders gut, als sich die Band 1982 ins Studio der BBC begab, um für die Sendung von Peter Powell etwas aufzunehmen. Nachdem sie ihren Beitrag eingespielt hatten, war noch etwas Studiozeit übrig. Und so wurde die Endlosschleife des Grooves von *Do You Really Want To Hurt Me* während eines lockeren Jams geboren.

In vier Minuten und 25 Sekunden voller weißem Soulgesang, spaciger Reggaebasslines, dezentem, aber beharrlichem Schlagzeugspiel und klingender Gitarren kommen musikalische Perfektion und Massenkompatibilität zusammen. *Do You Really Want To Hurt Me* setzte sich an die Spitze der britischen Charts und war der erste von einem halben Dutzend Top-10-Hits von Culture Club in den USA. George hatte seine anfänglichen Bedenken, dass der Track zu persönlich und nicht tanzbar sei, überwunden und gab zu: »Es ist ein wirklich gut aufgebauter Song. Es ist wahrscheinlich das einzige Lied, das richtige Akkordwechsel und Keyboardwechsel hat. Es ist sehr musikalisch.«

Er war der Meinung, dass der Song weltweit so gut ankam, weil die mächtigsten Lieder Liebeslieder sind. »Sie treffen auf jeden zu – besonders auf Kids, die sich öfter verlieben als alle anderen. Letzten Endes will doch jeder begehrt werden.« *Do You Really Want To Hurt Me* wurde von allen vier Bandmitgliedern geschrieben und erschien auf ihrem Debütalbum *Kissing To Be Clever*. Die Single machte aus dem ehemaligen George O'Dowd einen Star mit hohem Wiedererkennungswert – dank seines androgynen Aussehens und seines einzigartig vielseitigen Kleidungsstils.

Obwohl Moss heterosexuell war, wurden er und George schnell Liebhaber, die ihre Affäre nicht nur vor den Medien und der Öffentlichkeit geheim hielten, sondern auch vor den anderen Bandmitgliedern. Ihre Beziehung war turbulent und manchmal gewalttätig. Das Ende ihrer Liaison löste das Ende von Culture Club aus.

Kurz nach der Trennung bereute George, dass er in der Öffentlichkeit über Moss gesprochen hatte. »Ich habe Jon wirklich geliebt und ich habe Dinge über ihn gesagt, die ich bitter bereut habe. All die schlechten Dinge, die ich über ihn gesagt habe, tun mir leid. Ich habe sie zwar so gemeint, aber ich hätte sie nur zu ihm sagen sollen.«

Die Veröffentlichung von Georges Autobiografie *Take It Like A Man* von 1995 führte erneut zu einer Auseinandersetzung.

Moss und George genießen 1984 beim Sanremo-Festival in Italien backstage einen gemeinsamen Moment. Nachdem sie sich entzweit hatten, beschrieb Moss George als »Albtraum-Exfrau«.

Moss bestritt die Behauptung seines ehemaligen Liebhabers, dass er sich für die Beziehung geschämt habe. »Ich schäme mich für nichts. Meine Eltern wissen es, alle meine Freunde wissen es. Das war kein Problem.« Er fügte hinzu: »Der einzige Mensch, den George liebt, ist George … Er ist wie eine Albtraum-Exfrau.« Die Weigerung des Sängers, 2006 an der Reuniontour von Culture Club teilzunehmen, rief weitere Schuldzuweisungen hervor.

Moss heiratete und wurde dreifacher Vater. Nach Culture Club spielte er Schlagzeug bei Promised Land und auf der Charity-Single *People I Don't Know Are Trying To Kill Me*, die zugunsten der Opfer der Bombenanschläge in London 2005 veröffentlicht wurde.

George war zunächst damit beschäftigt, seine Drogensucht in den Griff zu bekommen. Als er dies zumindest vorerst ge-

schafft hatte, startete er 1987 mit der Nummer-eins-Single *Everything I Own* eine vielversprechende Solokarriere. In den Neunzigern probierte er viele neue Dinge aus. Er arbeitete als DJ, schrieb Bücher, designte Klamotten und fotografierte. Das Musical *Taboo*, das von seinem Leben inspiriert war, feierte 2002 große Erfolge im Londoner West End. Am Broadway konnte der Erfolg jedoch nicht wiederholt werden. Das Stück wurde von den Kritikern verrissen und George fing wieder an, Drogen zu nehmen.

Für eine Fernsehdokumentation gewährte er 2006 einem Kamerateam Zugang zu seiner Wohnung im Osten Londons, die mit homoerotischen Kunstwerken dekoriert war. In Anspielung an Tracey Emin war seine Bettwäsche mit den Namen der Leute verziert, mit denen er geschlafen hat, unter anderem war darauf »Jon Moss« zu lesen.

George machte wieder Schlagzeilen, als er nach einer Verhaftung wegen Drogenbesitzes Sozialdienst bei der New Yorker Straßenreinigung leisten musste. 2009 saß er vier Monate einer 15-monatigen Gefängnisstrafe ab, nachdem er einen Callboy gegen seinen Willen festgehalten hatte. Der Versuch, seine Karriere durch eine Teilnahme an der Fernsehsendung *Celebrity Big Brother* wieder in Schwung zu bringen, erwies sich als nicht vereinbar mit den Bedingungen seiner vorzeitigen Entlassung aus der Haft.

2010 wurde die Beziehung zwischen George und Moss in dem britischen Fernsehfilm *Worried About The Boy* dargestellt. Der Sänger fungierte bei dem Projekt als Berater, stellte einige seiner Outfits zur Verfügung und schickte dem 17-jährigen Douglas Booth, der ihn spielte, eine Nachricht. »George schrieb mir vor den Dreharbeiten: ›Ich wollte dir nur viel Glück wünschen ... und sei nicht so schwul!‹ Er wollte nicht, dass man ihn als stereotypen Schwulen spielte, denn er ist eigentlich ziemlich männlich.« Im gleichen Jahr bedauerte der Sänger erneut seinen Drang, seinen Gefühlen in der Öffentlichkeit Luft zu machen, besonders was die Beziehung zu Jon angeht. »Ich habe auf die harte Tour gelernt, dass einige Dinge privat sind.«

CULTURE CLUB wurde von Boy George gegründet, einem Vorreiter der als »New Romantic« bezeichneten Szene, die in London Anfang der Achtziger entstand. Er engagierte Jon Moss, den Gitarristen und Keyboarder Roy Hay und den Bassisten Mikey Craig für seine Band. Im Oktober 1982 erreichte *Do You Really Want To Hurt Me* die Spitze der Charts in Großbritannien und auf der ganzen Welt. In den USA schaffte es der Song bis auf Platz zwei. Das Debütalbum der Band, *Kissing To Be Clever*, brachte zwei weitere internationale Hits hervor. Das Nachfolgewerk, *Colour By Numbers*, enthielt mit *Karma Chameleon* einen weiteren Nummer-eins-Hit. Nach weniger erfolgreichen Alben trennten sich Culture Club letzten Endes 1986. Das ursprüngliche Line-up fand sich zwischen 1998 und 2002 wieder zusammen und veröffentlichte das Album *Don't Mind If I Do* sowie zwei weitere britische Hitsingles.

Hey Jude

THE BEATLES

Hey Jude wurde 1968 als erste Single auf Apple, dem Plattenlabel der Beatles, veröffentlicht und entwickelte sich zur Hymne der Band. Trotz seiner sieben Minuten wird er häufig im Radio gespielt.

Das Lied war eine Herzensangelegenheit des Songwritingteams der Fab Four – John Lennon und Paul McCartney. McCartney hatte den Song für Johns fünfjährigen Sohn Julian geschrieben, um ihn zu trösten, während sein Vater und seine Mutter Cynthia einen erbitterten Scheidungskampf ausfochten, nachdem John seine Frau betrogen hatte.

Die Trennung folgte einer zehnjährigen stürmischen Beziehung, die begonnen hatte, bevor die Beatles zu internationalem Ruhm gelangten. Cynthia war gerade erst 19, als sie John am College kennenlernte. Anfangs mochte sie ihn nicht. »Er war ungepflegt, sah gefährlich und nach Ärger aus. Er hat mir Angst gemacht«, erinnerte sie sich später. Aber das, was sie anfangs abgestoßen hatte, fand sie letzten Endes anziehend. Bevor sie sich versah, war sie verheiratet und schwanger.

Julian wurde zu Anfang der Beatlemania im April 1963 geboren. Es war symptomatisch für ihre Beziehung, dass John Julian erst drei Tage nach dessen Geburt zum ersten Mal sah. Julian wurde schließlich fast zum vergessenen Sohn und

---

Julian Lennon mit Paul McCartney und Jane Asher bei ihrer Ankunft aus Indien.

hatte nie so eine enge Beziehung zu seinem Vater wie sein Halbbruder Sean.

Lennon und Cynthia trennten sich nach Johns Affäre mit der japanischen Künstlerin Yoko Ono. In den Jahren nach der Scheidung hatte Julian nur wenig Kontakt zu seinem Vater.

McCartney, der den Song ursprünglich *Hey Jules* genannt hatte, kümmerte sich während der Scheidung um Julian und wurde so etwas wie eine Onkelfigur für ihn.

Julian Lennon sagte später über diese Zeit: »Unsere Freundschaft war großartig und es scheint weit mehr Fotos zu geben, auf denen ich in dem Alter mit Paul spiele, als Fotos von mir und meinem Vater.«

Hey Jude ist der wohl erfolgreichste Song der BEATLES. Er erreichte in Großbritannien und den USA Platz eins der Charts und brach gängige Radiokonventionen. Die gesamten sieben Minuten wurden in einer Zeit ausgespielt, in der die meisten Tracks nur halb so lang waren. *Hey Jude* wurde im August 1968 als Single veröffentlicht, erschien aber erst im Februar 1970 auf einem Album – und zwar auf *Hey Jude*, einer Compilation mit Singles, die bis dato in den USA auf keinem Album erschienen waren. In Großbritannien fand der Song erst 1973 auf der Compilation *1967–1970* (auch bekannt als *Blue Album*) Platz.

McCartney besuchte Cynthia und John in Surrey, kurz nachdem Lennons Frau herausgefunden hatte, dass ihr Mann eine Affäre hatte. Da er unbedingt etwas tun wollte, schrieb er die erste Version von *Hey Jude*, um den Jungen zu trösten. Die Trennung endete weder für Julian noch für seine Mutter vorteilhaft. Cynthia erhielt eine Abfindung von nur 150.000 Pfund und Julian läppische einhundert Pfund Unterhalt die Woche. Obwohl der Song später in *Hey Jude* umbenannt wurde, weil McCartney der Meinung war, dass sich dies leichter singen ließe, blieb die Stimmung erhalten.

Jahre später verriet Paul, was es mit dem Song auf sich hat. Julian erinnerte sich: »Paul erzählte mir, dass er über meine Situation, darüber, was ich durchmachte und noch durchmachen würde, nachgedacht hatte … Es überrascht mich, immer wenn ich den Song höre. Es ist seltsam, dass jemand einen Song über einen geschrieben hat. Es berührt mich noch immer.«

How Do You Sleep?

JOHN LENNON

Die Bedeutung der Lyrics war vielleicht nicht allen Musikern bei der Aufnahmesession zu *How Do You Sleep?*, einem Track von John Lennons Album *Imagine*, klar. Aber Ringo Starr verstand sie, als er ins Studio kam. Er sagte sofort: »Das reicht, John.«

Viele der anwesenden Musiker hatten eine Verbindung zu Lennons alter Band, den Beatles. Klaus Voorman, der Bass spielte, war seit den Anfängen der Beatles in Hamburg ein Freund und hatte das Cover für das Album *Revolver* designt. Der Schlagzeuger Alan White war ein relativer Neuling, der gelernt hatte, sein Instrument zu spielen, indem er Ringos Stil kopiert hatte. 1969 hatten John und Yoko ihn gebeten, Mitglied der Plastic Ono Band zu werden. Am E-Piano saß Nicky Hopkins, ein Studiomusiker, der auf vielen Beatlestracks zu hören ist, unter anderem auf *Revolution*. Und George Harrison spielte bei *How Do You Sleep?* Gitarre.

Auffällig ist, dass bei dieser Zusammenkunft der ehemaligen Fab Four Lennons früherer Songwritingpartner Paul McCartney fehlte. Obwohl alle vier Beatles schon vor der Trennung Soloprojekte veröffentlicht hatten, gab John Paul die Schuld an der endgültigen Auflösung der Gruppe 1971. *How Do You Sleep?* war eine bittere Abrechnung mit McCartney.

Fast jede Zeile des Songs ist ein brutaler Angriff auf den Freund aus seiner Kindheit, auf den Einfluss seiner Partnerin Linda (»Jump when your momma tell you anything«) und

John Lennon

Lennon und McCartney 1968 auf dem Weg zur Gründung ihres Labels Apple.

How Do You Sleep?

seines Umfelds (»straights who tell you you was king«). Eine der traurigsten Zeilen schmälert Pauls Beitrag als Komponist der Beatles: Seine Musik wird als »muzak« (dt. Fahrstuhlmusik) bezeichnet. Die Fans waren lange hin- und hergerissen zwischen Lennon, der sich den Wurzeln des Rock'n'Rolls verschrieben hatte, und McCartney, der an einer melodischeren Poptradition festhielt.

The only thing you done was yesterday
And since you're gone you're just another day

An anderer Stelle spielt Lennon darauf an, dass Paul als das bestaussehende Bandmitglied galt – »A pretty face may last a year or two« – und auf die Gerüchte, dass Paul tot sei – »Those freaks was right when they said you was dead« (siehe *A Day In The Life*).

Da es zu keiner Versöhnung kam, interpretierten die Fans viele Songs der beiden Künstler als weitere Salven in dem musikalischen Wortgefecht, das mit *How Do You Sleep?* begonnen hatte. *Let Me Roll It* vom Album *Band On The Run* ist eines von Pauls Lieblingsstücken bei Liveauftritten und wird als frühe Antwort auf Lennons Song verstanden.

Die beiden Musiker vertrugen sich schließlich wieder, aber ihre Freundschaft war nie wieder so eng wie früher. Von Angesicht zu Angesicht sahen sich Paul und John zum letzten

John Lennon

Mal ein paar Jahre, bevor Lennon 1980 erschossen wurde. Nur vier Tage vor seinem Tod sprach John Lennon in einem Radiointerview mit der BBC über den Song. »Es bestand eine kreative Rivalität«, sagte er. »Es war keine schlimme Fehde ... Aber ich spürte Verachtung und nutzte die Situation, um *How Do You Sleep?* zu schreiben.« In einem Interview mit der *Times* bemerkte Paul 2008: »Die Antwort an John lautete: Ich habe sehr gut geschlafen.«

JOHN LENNON wurde im Alter von vierzig Jahren ermordet und wurde wie Buddy Holly und Jimi Hendrix zu einer Legende. Lennon brachte sechs Soloalben heraus und 1980 erschien posthum die LP *Double Fantasy*, auf der es darum ging, wie glücklich er als Ehemann und Vater seines zweiten Sohnes Sean war.

How Do You Sleep? wurde 1971 auf *Imagine* veröffentlicht. Johns Songwriting, das anfangs von der Trennung der Beatles getrübt war, wurde später zweitrangig. Sein politisches Engagement und der Kampf um seine Aufenthaltserlaubnis für die USA rückten in den Vordergrund. Er war 1971 nach New York gezogen und seine offene Kritik am Vietnamkrieg hatte dazu geführt, dass die Regierung von Richard Nixon versuchte, ihn auszuweisen.

Hurdy Gurdy Man

DONOVAN

Hurdy Gurdy Man war für den schottischen Singer-Song-writer Donovan Leitch im Sommer 1968 ein großer Hit. Der Song erreichte Platz vier der Charts in Großbritannien und Platz fünf in den USA. Donovan erzählte später, dass eine Vision, die er auf Hawaii hatte, ihn zu dem Song inspirierte. Er hatte den Wellen dabei zugesehen, wie sie sich an den Felsen brachen, und sah einen Mann, der über den Wellen schwebte und eine Drehleier (engl. hurdy gurdy) spielte.

Eine Drehleier ist ein Streichinstrument mittelalterlichen Ursprungs, bei dem die Saiten von einem Rad gestrichen werden, das wie ein Violinenbogen funktioniert. Das Rad wird von der rechten Hand des Spielers gedreht, während die linke die Musik auf den Tasten spielt. Das Ergebnis klingt allerdings eher nach einem Duddelsack oder einer Drehorgel als nach Streichern.

Donovan schrieb das Lied in seinem Cottage in Hertfordshire, nachdem er im Februar 1968 von seiner Reise nach Indien zurückgekehrt war. Er hatte eine Einladung nach Rishikesh am Ganges erhalten, um dort einen Meditationskurs bei Maharishi Mahesh Yogi zu machen. Dieser war ein bekannter Förderer des Friedens, der die Transzendentale Meditation erfand, die dann von Hunderttausenden Menschen aus dem Westen übernommen wurde.

Zu den Reisenden gehörten auch die Beatles John, Paul, George und Ringo sowie deren Frauen und Freundinnen, unter anderem Cynthia Lennon, Pattie Boyd und Jane Asher.

Donovan

Donovan singt vor seinem Cottage in Hertfordshire, wo ihm später Mac MacLeods Band Hurdy Gurdy vorspielen würde.

In Indien trafen noch andere Prominente auf die Gruppe, zum Beispiel Mia Farrow und Mike Love von den Beach Boys.

Die Beatles hatten sich schon im Jahr zuvor mit dem Maharishi in London und in Bangor in Nordwales getroffen. Angeblich hatte er den Fab Four geholfen, sich den Konsum von LSD abzugewöhnen. Nach den Erfahrungen mit der Transzendentalen Meditation und ihrem Aufenthalt in Indien hatten die Beatles tatsächlich ihre kreativste Periode, in der

Hurdy Gurdy Man

sie fast das ganze Material für *The Beatles* (auch bekannt als *The White Album*) und *Abbey Road* schrieben.

Auch für Donovan war die Zeit in Indien in kreativer Hinsicht ergiebig. Er verbrachte seine Tage damit, Musik zu machen, besonders zusammen mit McCartney und Harrison. George bekam dort viele Instrumente und eines davon, eine Tambura, schenkte er Donovan. »Ich habe sie in die Hand genommen«, erinnerte sich Donovan 2005 in seiner Autobiografie, »und erkannt, dass dieser viersaitige Flaschenkürbis mir lag. Ich fing an, mir eine Melodie auszudenken, die an meine keltische Herkunft erinnerte und sich später zu

Im Aschram in Rishikesh (v. l. n. r.):
John Lennon, Paul McCartney, Maharishi Mahesh Yogi,
George Harrison, Mia Farrow, Johnny Farrow und Donovan.

meinem Song *Hurdy Gurdy Man* entwickelte.« Der »Hurdy Gurdy Man«, auf den sich der Song bezieht, ist Donovans alter Gitarrenlehrer und Freund Mac MacLeod, den Don Anfang der Sechziger in der Folkszene von Hertfordshire kennengelernt hatte, genauer gesagt im Pub The Cook in St Albans. Mac hatte Donovan verschiedene Stile beigebracht, zum Beispiel das Travis-Picking. 1965 trat er mit ihm beim Konzert der Umfragegewinner des *New Musical Express* in Wembley auf und begleitete ihn nach Donovans erstem großen Hit, *Catch The Wind*, auf einer nationalen Tour.

Doch während Donovans Stern mit mehreren Hitsingles auf beiden Seiten des Atlantiks aufging, verschwand Mac nach Skandinavien, um sich anderen Musikrichtungen zu widmen. Mac und seine Musikerkollegen, der Drummer Jens Otzen und der Gitarrist Claus Bohling, waren vom Zeitgeist beflügelt und beschlossen, ein psychedelisches Powertrio im Stil von Cream und der Jimi Hendrix Experience zu gründen. Sie nannten sich Hurdy Gurdy.

Im Sommer der Liebe von 1967 wurde Hurdy Gurdy zu einem der größten Acts von Kopenhagen und spielte zwei Wochen lang jeden Abend im Konzertsaal des Tivoli – damit waren alle früheren Rekorde gebrochen. Die Band war schwer angesagt und wurde von vielen Plattenlabels umworben, aber dann wurde Mac wegen Drogenbesitzes festgenommen. Er schrieb Donovans damaligem Manager Ash Kozak aus seiner dänischen Gefängniszelle, erklärte seine Zwangslage und sagte, dass er mit seiner Band nach England kommen wolle, sobald er wieder frei sei – ob Donovan ihm helfen könne?

Hurdy Gurdy besuchten Donovan in seinem Cottage in Little Berkhamsted und spielten den Song, den Donovan begonnen hatte, auf der Tambura von Harrison zu schreiben. Ihre langen Improvisationen, Rhythmuswechsel und Abwandlungen waren nicht das, was Donovan erwartet hatte – sie waren viel zu schwer für seinen zarten Song.

Daraufhin wollte er die Nummer lieber behalten und erzählte dem *NME*: »*Hurdy Gurdy Man* war ursprünglich für eine dänische Band mit diesem Namen gedacht. Ein Freund von mir, Mac McLeod, war Mitglied der Band. Er hatte mir einige Gitarrentechniken beigebracht. Ich habe den Song für sie geschrieben – aber dann stritten wir uns, wie der Song produziert werden sollte. Ich wollte es auf die eine Art machen, sie auf eine andere. Also sagte ich: ›Okay, dann mache ich es allein.‹ Denn ich war der Meinung, dass der Song ein Hit war. Also habe ich es gemacht.«

Donovan nahm den Song zusammen mit seinem Produzenten Mickie Most und seinem Tontechniker Eddie Kramer auf. Es gab das Gerücht, dass Jimmy Page die Leadgitarre spielte, während sein späterer Led-Zeppelin-Bandkollege John Paul Jones den Bass übernahm und den Song arrangierte. Tatsächlich nahm Jeff Beck die Leadgitarre auf, wurde aber aus dem endgültigen Mix geschnitten.

Mit dem Sound von *Hurdy Gurdy Man* wich Donovan ziemlich weit von seinen früheren Hits, die von Folk, Jazz und jamaikanischer Musik beeinflusst waren, ab. Nach dem warmen akustischen Beginn wird der Song von einem krachenden Schlagzeug und »lodernden verzerrten Rock-Gitarren« dominiert. Der dumpfe Klang, von dem damals viele glaubten, er stamme von einer Drehleier, kam von Donovan, der im Schneidersitz auf dem Studioboden saß und die Tambura spielte, die Harrison ihm in Indien geschenkt hatte.

George Harrison hatte sogar eine Strophe für den Song geschrieben, die aber nicht aufgenommen wurde. Donovan schrieb in seiner Autobiografie: »Damals waren Singles selten länger als drei Minuten. Die aufregenden Gitarrensolos waren zu gut, um herausgeschnitten zu werden, also wurde Georges Strophe weggelassen.« Aber letzten Endes wurde sie doch aufgenommen und 1990 auf *The Classics Live* veröffentlicht. Bei Konzerten neigt der Sänger dazu, dem Publikum zu erzählen, dass Harrisons Beitrag davon handelt, dass die Philosophien und Lehren des Maharishi nach Jahrhunderten wiederentdeckt wurden. Er deutet an, dass der Yogi selbst vielleicht der titelgebende Hurdy Gurdy Man sein könnte.

DONOVAN LEITCH erlangte in der Ära des Friedens und der Liebe Bekanntheit. Der Hippie-Singer-Songwriter wurde entdeckt, als er Straßenmusik machte. Er unterschrieb daraufhin einen Plattenvertrag, ohne ein Demo aufgenommen zu haben. In den USA wurde Donovan 1966 mit seinem Nummer-eins-Hit *Sunshine Superman* berühmt. *Hurdy Gurdy Man* wurde von verschiedenen Künstlern gecovert, unter anderem von Eartha Kitt, dem Hippie-Gitarristen Steve Hillage und den amerikanischen Alternative-Rockern Butthole Surfers, deren Version auf dem Soundtrack des Films *Dumm und Dümmer* von 1994 zu finden ist. Donovans Song war auch in anderen Filmen zu hören, unter anderem in Barry Levinsons *Sleepers* (1996) und in David Finchers *Zodiac – Die Spur des Killers* (2007).

I Will Always Love You

DOLLY PARTON

Dolly Parton, die unglaublich erfolgreiche Sängerin aus Sevierville, Tennessee, hat den Titel der Königin der Countrymusik wirklich verdient. Allein ihre Geschäfte, ihr Freizeitpark Dollywood und ihre Anteile an der Produktionsfirma Sandollar machen sie zu einer der reichsten Frauen der Branche. Sandollar produzierte die Fernsehserien *Buffy – Im Bann der Dämonen* und die Remakes *Vater der Braut* und *Sabrina*. Weltweit hat die Sängerin mehr als einhundert Millionen Tonträger verkauft.

Sie verkörpert die Geschichte vom Tellerwäscher zum Millionär. Dolly Parton wurde in eine, wie sie es nennt, bettelarme Familie geboren und lebte als eines von zwölf Kindern in einer Ein-Raum-Hütte. Ihr Gesangstalent wurde schon früh entdeckt und mit neun trat sie bereits im lokalen Fernsehen und Radio in Tennessee auf. Im Grand Ole Opry in Nashville, dem Heiligtum der Countryszene, war sie zum ersten Mal mit 13 Jahren zu Gast.

Sie begann, gemeinsam mit ihrem Onkel, Bill Owens, Songs zu schreiben, und dank des Charterfolges ihrer Kompositionen für andere Countrykünstler konnte sie ihr erstes Album, *Hello, I'm Dolly*, und ihren ersten Countryhit, *Dumb Blonde*, 1967 herausbringen. Durch diese Veröffentlichungen wurde Porter

Wagoner, langjähriger Moderator einer beliebten Fernsehsendung, auf sie aufmerksam.

Wagoner, Countrymusikstar seit 1951, bekam 1960 seine
eigene TV-Show, *The Porter Wagoner Show*. 1967 verließ seine
Gesangspartnerin Norma Jean nach sieben Jahren die Sendung,
um eine Familie zu gründen und eine Solokarriere zu starten –
die Charterfolge nach ihren Fernsehauftritten hatten ihr Auf-
trieb gegeben. Wagoner ersetzte Norma Jean nicht nur auf dem
Bildschirm durch Dolly Parton, sondern auch auf seiner Tour.
Genau wie bei Norma Jean überzeugte er seine Plattenfirma
RCA, Dolly unter Vertrag zu nehmen.

Damit bot sich eine Riesenchance für Dolly. Porters Publikum
war allerdings anfangs nicht so angetan. Norma Jean war
sieben Jahre lang eine feste Größe der Sendung und bei den
Zuschauern – zu den besten Zeiten bis zu drei Millionen – sehr
beliebt gewesen. Sie taten sich schwer, Dolly zu akzeptieren,
und riefen sogar Norma Jeans Namen während ihrer Auftritte.

Porter stand jedoch zu seiner Entscheidung und führte einen
neuen Programmpunkt in die Sendung ein, bei dem er mit Dolly
im Duett sang – das hatte er mit ihrer Vorgängerin nie getan.
Der Trick zahlte sich aus. Dolly gewann die Zuneigung des
Fernsehpublikums und die Wagoner-Parton-Duette schafften
regelmäßig den Sprung in die Countrycharts. Dollys Solokarriere war anfangs weniger erfolgreich, aber 1970 hatte sie
mit *Joshua* ihre erste Solo-Nummer-eins in den Countrycharts.

Damit war ihr Aufstieg besiegelt und schon bald über-
flügelte sie ihren Mentor und Förderer Wagoner. Die Sängerin
hatte Ambitionen und wollte nicht nur in den Kleinstädten
auftreten, durch die sie mit Wagoner tourte. Seine Bühnenshow wurde nur in den ländlichen Gebieten aufgeführt, in
denen man seine Sendung empfangen konnte. 1974 war sie
wie ihre Vorgängerin Norma Jean sieben Jahre lang bei der
Show und wollte aufgrund ihres Erfolgs als Solokünstlerin
allein weitermachen.

Dolly Parton und Porter Wagoner bei einem Duett Ende der Sechziger in Nashville, Tennessee.

1973 drückte sie in ihrem Song *I Will Always Love You* ihr wachsendes Bedürfnis aus, weiterzuziehen.

If I should stay
Well, I would only be in your way
And so I'll go

Sie stellte Porter in den Schatten und ihr Vertrag engte sie ein. Der Vertrag war allerdings bindend und so musste sie sich freikaufen. Dolly verließ die Show Mitte 1974, nahm aber bis 1975 Duette mit Wagoner auf, der ihre Soloaufnahmen auch noch

1987 standen sie in Nashville wieder gemeinsam auf der Bühne. Dollys Karriere – und ihre Frisur – hatten sich inzwischen stark weiterentwickelt.

ein Jahr lang produzierte. *I Will Always Love You* wird oft als Klage über das Ende einer romantischen Beziehung beschrieben, aber Wagoner und Parton waren nie mehr als freundschaftlich verbundene Kollegen – Parton hatte ihren Mann Carl Dean ein Jahr, bevor sie zu der Show kam, geheiratet und 2011 feierte das Paar seinen 45. Hochzeitstag.

Der Song wird manchmal als Hinweis darauf verstanden, dass Dolly und Porter eine bittere Auseinandersetzung hatten, als Dolly die Show verließ. Man kann sich leicht vorstellen, dass Wagoner nicht wollte, dass sie ging – sie sorgte sicher für gute Einschaltquoten –, aber es gibt keine Beweise dafür,

I Will Always Love You

dass sie im Bösen auseinandergingen. Als Parton den Song 1974 in der Sendung sang, sagte Wagoner ihn mit den Worten an: »Eine der schönsten Balladen, die Miss Dolly je geschrieben hat.«

Anders als Norma Jean, die den Erfolg aus ihrer Zeit mit Wagoner nie wiederholen konnte, wurde Dolly ohne die Einschränkungen ihres Vertrags mit Porter zu einem Weltstar.

Das Lied wurde 1974 ihre dritte Nummer eins in den Countrycharts nach ihrem Crossover-Hit *Jolene*. Viele Künstler coverten den Song, Elvis Presley allerdings nicht, obwohl er es vorgehabt hatte. Er wollte die Hälfte der Tantiemen für dieses Privileg. Dolly lehnte das Angebot freundlich ab.

1992 machte der Schauspieler Kevin Costner seine Filmpartnerin Whitney Houston auf Linda Ronstadts Version des Songs von 1975 aufmerksam. Houston brauchte für ihre Rolle in *Bodyguard* noch eine große Ballade und ihre Interpretation von Dollys einfachem Countrysong mit dem mutigen A-cappella-Anfang wurde ein weltweiter Hit. Houstons Vorzeigeversion stellte Rekorde für Verkaufszahlen und Charterfolge auf, die erst 1997 von Elton John und seiner umgetexteten Fassung von *Candle In The Wind* gebrochen wurden. Nach Whitney Houstons Tod am 11. Februar 2012 stieg der Song nach fast zwanzig Jahren wieder in die Billboard-Charts ein und landete schließlich auf Platz drei.

Porter Wagoner, von dem das Lied ursprünglich handelte, moderierte seine Show noch bis 1981. 2002 wurde er in die Country Music Hall of Fame aufgenommen. Dolly präsentierte die Aufnahme und spielte auf dem Event, bei dem seine fünfzigjährige Mitgliedschaft im Grand Ole Opry gefeiert wurde.

Im gleichen Jahr, zwei Monate vor seinem achtzigsten Geburtstag, veröffentlichte er sein letztes Album, *Wagonmaster*, und war Supportact für die White Stripes im Madison Square Garden in New York. Er starb im Oktober 2007. Im April des darauffolgenden Jahres gab Dolly Parton in Dollywood ein privates Gedenkkonzert für seine Familie und Freunde. In der ersten Reihe hatte Porters Familie Platz genommen, in der zweiten Countrylegenden aus dem Grand Ole Opry. Es blieb kein Auge trocken, als sie ihren Auftritt mit dem Song beendete, den sie 35 Jahre zuvor geschrieben hatte.

DOLLY PARTON schrieb im Alter von fünf Jahren ihren ersten Song und wurde zur erfolgreichsten Countrysängerin aller Zeiten mit 26 Nummer-eins-Singles und 42 Top-10-Alben in den Countrycharts. Fast alle ihre Hits hat sie selbst geschrieben. »Ein Song hat mich aus den Smoky Mountains geholt und ein Song hat mich um die ganze Welt geführt … Sogar mein Freizeitpark und meine anderen Geschäftsideen haben mit einem Lied begonnen. Meine Songs haben viele Dinge finanziert, bis diese ohne Unterstützung existieren konnten.«

Ihre Hits reichen von dem poppigen Chartbreaker *9 To 5* über ihr berühmtestes Lied *Jolene* bis zu *I Will Always Love You*, auf das sie besonders stolz ist. »Ich bin Whitney Houston wirklich dankbar, weil sie spektakuläre Arbeit geleistet hat. Ich habe viele Preise gewonnen und mich über alle gefreut, aber ich denke, dass mir die Awards, die ich für mein Songwriting erhalten habe, am meisten bedeuten.«

Jeremy

PEARL JAM

Kurt Cobain, der Gitarrist und Sänger von Nirvana und Galionsfigur der Grungebewegung, versetzte die Welt 1994 in einen Schockzustand, als er sich mit einer Flinte das Leben nahm. Im Gegensatz zu den Schlagzeilen, die sein Tod auf der ganzen Welt machte, verbreitete sich die Nachricht, dass ein Jugendlicher aus der amerikanischen Kleinstadt Richardsville, Texas, den gleichen Weg gegangen war, weil er ähnliche Gefühle der Hoffnungslosigkeit und der Depression hegte, drei Jahre zuvor weniger weit. Vor seinen Klassenkameraden, die ihn in den vergangenen Monaten gemobbt hatten, drückte Jeremy Wade Delle am 8. Januar 1991 den Abzug einer .357 Magnum, die er sich in den Mund gesteckt hatte.

Die Geschichte von Delles Selbstmord berührte Eddie Vedder, den Sänger der Nirvana-Rivalen Pearl Jam aus Seattle. *Jeremy*, die dritte Single aus ihrem Debütalbum *Ten* von 1991, erzählt Delles traurige Geschichte und wurde über eine Million Mal verkauft.

»So etwas passiert wahrscheinlich einmal die Woche in Amerika«, bemerkte Vedder. »Das ist ein Nebenprodukt der amerikanischen Waffenfaszination oder eher Perversion. Elterliche Vernachlässigung und Misshandlungen sind die Quelle für viele Probleme. Die Kindheit ist eine so entscheidende Zeit in der Entwicklung eines Menschen. Vieles, was einem als Kind widerfahren ist, kommt später im Leben wieder an die Oberfläche.«

Ein Schulfoto des gepeinigten Teenagers Jeremy Wade Delle.

Vedders Mitleid mit Jeremy spiegelt seine Persönlichkeit gut wider. Pearl Jam wurden zu einer der erfolgreichsten Rockbands der Welt, aber während sie immer berühmter wurden, zog sich Vedder in seinen Kokon zurück. Der sensible Frontmann gab nur selten Interviews und mied das Rampenlicht. Er sagte, dass ihre Musik alles ausdrückt, was sie zu sagen haben. Es ist nicht klar, ob seine Unsicherheit oder ein fundamentaler Hass auf die Medien dahintersteckte. Vedder gab seine Sympathie für den amerikanischen Jugendlichen zu Protokoll, der seinen Platz in der immer komplexer werdenden Gesellschaft nicht fand.

»Verstehen Sie mich nicht falsch, ich würde es selbst nicht tun«, sinnierte der Mann, der die Lyrics geschrieben hatte, »aber – und es macht mir Angst, dass ich mich damit so identifizieren kann – da ist dieses Gefühl von: ›Scheiß drauf, wenn ich untergehe, nehme ich ein paar Leute mit. Es ist nicht meine Schuld, ich habe alles getan, was ich konnte, ich habe

mit meinen Händen gearbeitet und keine Drogen genommen.‹« Diese Gefühle der Wut und Verzweiflung sind am besten in dem zusammengefasst, was Vedder singt:

Picking on the boy
Seemed a harmless little fuck
But we unleashed a lion

Pearl Jam erhielten für *Jeremy* eine Goldene Schallplatte. Die Single ebnete der Band den Weg zur weltweiten Berühmtheit – 1992 verzeichnete sie sogar höhere Verkaufszahlen als Nirvana. Bei den MTV Awards erhielt das Lied ganze vier Preise. Eddie Vedder sagte dort zu dem verblüfften Publikum: »Ohne die Musik hätte *ich* mich erschossen.«

PEARL JAM entstand in Seattle aus der Band Mother Love Bone und besteht heute aus den Mitgliedern Eddie Vedder (Gesang), Stone Gossard (Gitarre), Mike McCready (Gitarre), Jeff Ament (Bass) und Matt Cameron (Schlagzeug). *Jeremy*, eine ihrer ersten Singles, stammte aus ihrem Debütalbum *Ten*, das Ende 1992 Platz zwei der amerikanischen Charts erreichte. Bis Dezember 2011 wurden 13,5 Millionen Einheiten davon verkauft und das Album bleibt der größte kommerzielle Erfolg der Band.

2011 feierten Pearl Jam ihr zwanzigstes Bandjubiläum. Nur wenige hätten der Band so eine Langlebigkeit vorhergesagt, aber es ist so, wie ein Blogger es formuliert hat: »Die Band hat sich in über zwei Jahrzehnten, in denen sie vor dem Superstar-Dasein geflüchtet ist, eine fanatische Fangemeinde aufgebaut.«

Kooks

DAVID BOWIE

Angie und David Bowie führten keine herkömmliche Rock'n'Roll-Beziehung. Sie hatten sich 1969 in London kennengelernt, als sie Kunst an der Kingston Polytechnic studierte und er ein aufstrebender Rockstar war. Bowie kam gerade über die Trennung von der Liebe seines Lebens, Hermione Farthingale, hinweg. Sie hatte die gemeinsame Band Feathers verlassen, um als Tänzerin Karriere zu machen, und wollte, dass Bowie nach dem Erfolg mit der Single *Space Oddity* seinen Traum vom Popstar verwirklicht. Angies Einfluss auf seinen Stil und seine Einstellung war enorm. Sie ermutigte ihn, das traditionelle Image eines Rockstars zu untergraben und mit einem androgynen Look die Aufmerksamkeit der Kritiker zu erregen.

David und Angie heirateten ein Jahr, nachdem sie sich kennengelernt hatten, und im Mai 1971 kam ihr Sohn Duncan Zowie Haywood Jones zur Welt. In ihrer Autobiografie erinnert sich Angie an die Zeit vor der Geburt ihres Sohnes und beschreibt David als Mustervater: »David war echt süß, der typische hingebungsvolle Hippie-Ehemann und werdende Vater. Er war besorgt und kümmerte sich. Wenn er nicht gerade auf Tour oder Abenteuerreise in Amerika war, begleitete er mich sogar in die Klinik zu den Untersuchungen.«

Die Joneses – David und Angie waren nicht gerade ein typisches frisch vermähltes Paar aus der Vorstadt. Bowie schrieb in Kooks: »Don't pick fights with the bullies and the cads. Because I'm not much cop at punching other people's dads.« Und das muss man ihm glauben.

Bowie feierte die Geburt seines Sohnes auf seinem nächsten Album, *Hunky Dory*, mit dem Song *Kooks*.

I bought you a pair of shoes
A trumpet you can blow
And a book of rules
On what to say to people when they pick on you
'Cause if you stay with us you're gonna be pretty Kookie too

Angie wollte ihren Sohn eigentlich Zoe (griechisch für »Leben«) nennen, entschied sich aber dann für den weniger femininen Namen Zowie. Bowies Geburtsname lautete David Jones, aber nachdem der britische Sänger Davy Jones mit den Monkees berühmt geworden war, beschloss er, seinen Namen in Bowie zu ändern.

Das Leben des kleinen Duncan war von Anfang an unbeständig. Angie erlitt durch die Geburt ihres Sohnes eine Beckenverletzung und musste mit 38 Stichen genäht werden. Als ihre Freundin Dana Gillespie meinte, dass sie weiß wie eine Wand wäre und Sonne bräuchte, fuhr sie für sechs Tage an den Lago Maggiore. Sie engagierte eine Nanny und war weg. »Ich glaube, David war entsetzt darüber, erschrocken, dass ich mein Baby zurücklassen konnte.«

In den folgenden Jahren erforschten Angie und David ihren Stil und ihre Sexualität, während Bowie eine kometenhafte Karriere hinlegte. Duncan, der zuerst den Namen Zowie, dann Joey und später Joe benutzte, hatte keine Wahl und musste mit einem Pärchen »Kooks« (dt. Verrückte) zurechtkommen. Meistens war aber nur einer für ihn da, entweder Bowie oder seine schottische Nanny. Angie war nicht so sehr der mütterliche Typ, sondern eher eine Partymaus.

Im Nachhinein gibt Bowie zu, dass er ein besserer Vater hätte sein können. »Mein Sohn hat mir in ein paar furchtbaren, depressiven Phasen beigestanden, in denen ich wegen

David Bowie

Der kleine Duncan Jones mit seinem Dad ein paar Imagewechsel später. Das rote Haar blieb länger als die Augenklappe.

meines emotionalen Zustands erbärmliche Qualen litt – die Höhepunkte meines Trinkens und meines Drogenkonsums. Er hat eine Menge miterlebt.« Angie und David ließen sich 1980 scheiden, als Duncan neun Jahre alt war. Der Sänger bekam das Sorgerecht zugesprochen.

Überraschenderweise schickte der sensible Bowie seinen Sohn auf das strenge Internat Gordonstoun in Schottland, das auch Prinz Charles besucht hatte. »Es war ein bisschen wie in dem Sketch von Monty Python, in dem sie einen dazu bringen, die Straße zu lecken«, sagte Duncan Jahre später. Die lässige Haltung gegenüber der Schule, die in dem Song beschrieben wird, gab es also nicht.

And if the homework brings you down
Then we'll throw it on the fire
And take the car downtown

Angie Bowie spielte nicht lang die Rolle der verrückten Mutter. David bekam schließlich das Sorgerecht für seinen Sohn.

Mit 18 wurde aus Zowie-Joey-Joe wieder Duncan und der suchte lange nach einer passenden Karriere. Er studierte in England und in Ohio, wo er am College of Wooster einen Abschluss in Philosophie machte. Aber erst, als sein Vater ihn mit an den Set eines Films nahm, in dem er zusammen mit Catherine Deneuve mitspielte – *Begierde* von Regisseur Tony »Top Gun« Scott –, fand er das, was er wirklich machen wollte. Duncan erhielt die Aufgabe, den Set mit einer Handkamera zu filmen. Daraufhin bewarb er sich an der London Film School und nahm nach seinem Abschluss verschiedene Jobs in der Filmbranche an. Für seinen ersten Kinofilm, *Moon* (2009), bekam er einen BAFTA (das britische Äquivalent zum Oscar) als bester Newcomer. Danach führte er bei *Source Code* (2011) mit Jake Gyllenhaal Regie.

Als Angie erkannte, welchen Erfolg er mit *Moon* hatte, meinte sie: »Ich habe nur ein überwältigendes Gefühl gehabt und das war Trauer. Mein Sohn ist verkorkst. Der Film handelt von der Isolation und Verwirrtheit eines Mannes und ich erkenne jetzt durch Zowies Kunst, was für einen Fehler ich begangen habe, als ich ihn verließ.«

Duncans Reaktion war: »Ich glaube, sie hat auch gesagt, dass es darin um sie geht. Typisch.«

DAVID BOWIES Karriere war von Innovationen und Experimenten geprägt. Seit Ende der Sechziger hat er unerreichtes Kritikerlob erhalten und große kommerzielle Erfolge gefeiert. *Kooks* ist auf seinem Album *Hunky Dory* von 1971 zu finden.

Dass Bowie in zwei Jahrzehnten sieben Nummer-eins-Alben in Großbritannien hatte, zeigt seine Langlebigkeit. Da er sich etliche Male neu erfand, zum Beispiel mit den Alben der »Berlin-Trilogie«, die die Synthesizer-Bands der Achtziger inspirierten, blieb seine Karriere vierzig Jahre lang in Schwung. 2003 lehnte der Musiker es ab, zum Ritter geschlagen zu werden. Er sagte: »Ich habe nie die Absicht gehabt, irgendetwas in dieser Richtung zu akzeptieren. Ich weiß ernsthaft nicht, wofür das ist. Dafür habe ich nicht mein ganzes Leben gearbeitet.« Nach einem Herzinfarkt 2004, der eine Angioplastie nötig machte, zog er sich aus dem Showgeschäft zurück. Aber Newcomer wie Lady Gaga stellen sicher, dass er nicht in Vergessenheit gerät.

Let Me Roll It

PAUL MCCARTNEY & WINGS

Im Jahr 1971 waren John Lennon und Paul McCartney völlig zerstritten. Vielleicht stimmt es wirklich, dass eine Band, die zusammen auftritt, auch zusammenbleibt. Die Beatles gingen seit 1966 nicht mehr auf Tour und ohne das Teamwork, das bei Liveauftritten nötig ist, traten künstlerische Differenzen zutage. Die Spannungen verstärkten sich 1967 nach dem Tod ihres einflussreichen Managers Brian Epstein. Die Beatles konnten sich nicht auf einen Nachfolger einigen und ihre Geschäfte, unter anderem Apple Corps, versanken im Chaos.

Darüber hinaus hatte man das Gefühl, dass die Partnerinnen von Lennon und McCartney, Yoko Ono und Linda Eastman, zunehmend einen nicht willkommenen Einfluss auf die kreative Arbeit der Band nahmen. Es herrschte eine feindselige Atmosphäre. Als Paul McCartney im April 1970 bei der Vorstellung seines ersten Soloalbums bekannt gab, dass er die Beatles verlassen werde, löste er die Band praktisch auf.

Infolgedessen machte Lennon McCartney voll und ganz für das Ende der Beatles verantwortlich. »Niemand will derjenige sein, der sagt, dass die Party vorbei ist«, erklärte er später. Mit dem Song *How Do You Sleep?* griff er seinen alten Freund an. Es folgte eine lange, traurige Zeit der Entfremdung der beiden Männer, die zusammen einige der großartigsten Popsongs der Welt geschrieben hatten. McCartney unternahm wiederholt Versuche, mit Lennon in Kontakt zu treten, was dieser allerdings nicht wollte.

Pink Floyd legten ihre Streitigkeiten bei, aber das Zerwürfnis zwischen Lennon und McCartney war endgültig.

Let Me Roll It

Let Me Roll It vom Album *Band On The Run* (1973) wird von den Fans als einer von mehreren Songs angesehen, die McCartney als Antwort auf Lennons musikalische Beleidigung geschrieben hat. Der Gesang mit den Echoeffekten wird als Parodie auf Lennons Gebrauch des für den Rock'n'Roll typischen Halls interpretiert. Der Text war allerdings eher versöhnlich als aggressiv und beschrieb vielleicht Pauls Versuche, zu John vorzudringen.

Paul hat nie bestätigt oder abgestritten, dass der Song von John handelt. 1993 behauptete er, nicht bemerkt zu haben, dass sich der Gesang wie Lennons anhörte. Andere haben den Song einfach als (nicht besonders) versteckte Anspielung auf Drogen gesehen. Einige Leute meinen, dass *No Words* vom gleichen Album eine Antwort an Lennon ist:

PAUL McCARTNEY ist der Mann, der die Beatles zu Beginn der Siebziger auflöste und danach eine Solokarriere mit vielen Höhe- und Tiefpunkten begann.

Das Album *Band On The Run*, auf dem *Let Me Roll It* erschien, war die letzte McCartney-LP, die auf Apple Records veröffentlicht wurde. Es verkaufte sich 1974 in Großbritannien und den USA wahnsinnig gut und erneuerte McCartneys hohes Ansehen bei den Kritikern. In der Rezension des *Rolling Stone* stand: »Die beste Platte, die bisher von einem der vier Musiker veröffentlicht wurde, die einmal zu den Beatles gehörten.«

Paul McCartney & Wings

You want to turn your head away ...
I wish you'd see, it's only me, I love you

Paul schätzte den Ausdruck »it's only me« sehr, da John ihn einmal bei einem Streit gesagt hatte, um die Situation zu entschärfen.

Es gab zwar keine große Versöhnung zwischen John und Paul, aber Ende der Siebziger sprachen sie wieder miteinander, zumindest am Telefon. Es heißt, dass Lennon McCartney am 25. April 1976 bitten musste, nicht mehr unangemeldet mit einer Gitarre in der Hand in der Hoffung auf eine erneute musikalische Zusammenarbeit in seinem New Yorker Apartment im Dakota Building aufzutauchen.

»Bitte ruf an, bevor du vorbeikommst«, hatte Lennon zu McCartney gesagt. Das war bei ihrer letzten Begegnung. John Lennon wurde am 8. Dezember 1980 auf der Treppe vor dem Dakota erschossen.

Life In A Northern Town

DREAM ACADEMY

Es ist unklar, ob Nick Drake sich 1974 das Leben genommen hat oder an einer versehentlichen Überdosis Antidepressiva gestorben ist. Er hatte keinen Plattenvertrag mehr, war aber erpicht darauf, sein viertes Album aufzunehmen. Der Sänger wohnte nach der Trennung von seiner Freundin wieder bei seinen Eltern. Sein Tod erschütterte die Musikbranche nicht so sehr, denn von seinen drei Alben waren jeweils nur fünftausend Stück verkauft worden. Doch in den Jahren nach seinem Tod avancierten sie zu einflussreichen Folkalben der Siebziger. Drake büßte bis heute nichts von seiner Anziehungskraft ein und deshalb organisierte der Produzent der ersten beiden Alben, Joe Boyd, 2010 *Way To Blue*-Konzerte, um seiner Musik Tribut zu zollen. Dabei spielte ein Orchester Songs von Nick Drake, die von einer Reihe Gastmusikern gesungen wurden, unter anderem von Robyn Hitchcock, Green Gartside von Scritti Politti, Lisa Hannigan, Krystle Warren und Teddy Thompson. Ironischerweise sahen sich innerhalb von ein paar Tagen mehr Menschen diese Konzerte an, als Drake in seinem ganzen Leben live gesehen hatten.

Nick Laird-Clowes erinnert sich an den Abend 1984, an dem er und sein Bandkollege von Dream Academy, Gilbert Gabriel, *Life In A Northern Town* komponiert haben. »Wir hatten zwei

94

Nick Drake, wie er auf seinem Debütalbum »Five Leaves Left« abgebildet war.

Gitarren – eine, die nur mit drei Nylonsaiten bespannt war, und so eine wie auf dem Cover von Nick Drakes *Bryter Layter*. Schon bevor wir uns zusammensetzten, hatten wir die Idee, einen Folksong mit einem afrikanisch anmutenden Refrain zu schreiben. Wir haben angefangen, und als wir bei der Melodie der Strophen waren, erinnerte die mich an Nick Drake. Ich habe damals in der RCA-Plattenfabrik in Ladbroke Grove gearbeitet und Nick Drakes Gitarre für einhundert Pfund gekauft. Als die Single fertig war, habe ich sie Nick gewidmet.« Der Song wurde in den USA zu einem Top-10-Hit und erneuerte das Interesse an Nick Drakes musikalischem Vermächtnis.

Drake hatte die Cambridge University verlassen, ohne seinen Abschluss in Englischer Literatur zu machen, und einen Vertrag über drei Alben mit Island Records abgeschlossen. Sein erstes Album, *Five Leaves Left*, wurde von den Kritikern wohlwollend aufgenommen, litt aber unter Drakes chronischer Schüchtern-

heit. Er war nicht imstande, live aufzutreten und es zu promoten.

Für das zweite Album, *Bryter Layter*, nahm der Produzent Joe Boyd die Hilfe von John Cale von Velvet Underground in Anspruch, der auf *Northern Sky* – der Inspiration für den Song von Dream Academy – Piano und Orgel spielte. Bei Island Records war man der Meinung, dass die LP kommerziell ein Erfolg werden würde, aber Drake, der, wie es sein Collegefreund und Arrangeur Robert Kirby beschrieb, »unglaubliche Mengen« Marihuana rauchte, weigerte sich, Interviews zu geben, im Radio zu spielen oder live aufzutreten.

DREAM ACADEMY konnten den Erfolg ihrer ersten, von David Gilmour produzierten Single nicht wiederholen. Der Nachfolger, *The Edge Of Forever,* schaffte in Großbritannien den Sprung in die Charts nicht. Die Band trennte sich 1991. Nick Laird-Clowes arbeitete zusammen mit Gilmour an verschiedenen Texten für *The Division Bell* von Pink Floyd, bevor er ein Soloalbum aufnahm. Gilbert Gabriel und Kate St. John haben als The Believers zusammen ein Album herausgebracht.

Pink Moon, der Nachfolger von *Bryter Layter*, wurde in nur zwei Nächten aufgenommen. Der Musiker übergab das Album, auf dem nur er mit seiner Gitarre zu hören ist, ganz unerwartet an seine Plattenfirma. Es verkaufte sich noch schlechter als die beiden Vorgänger und Island hatte kein Interesse an einer vierten Veröffentlichung.

Drake zog sich daraufhin zurück und ließ sich treiben. Er verbrachte immer wieder Zeit im Krankenhaus, um mit seinen Depressionen fertigzuwerden. Obwohl sein Tod nicht offiziell als Selbstmord bestätigt wurde, glaubt seine Schwester, die Schauspielerin Gabrielle Drake, lieber daran, dass es einer war. »Ich hätte es lieber, dass er gestorben ist, weil er es wollte, als dass es das Ergebnis eines tragischen Fehlers war. Das fände ich absolut schrecklich.«

Love Kills

THE RAMONES

Im Juli 1976 sah Sid Vicious die Ramones zum ersten Mal live. Er war damals ein unbekannter Punk aus dem Umfeld der Sex Pistols und zeigte seine Anerkennung, indem er bei einem Gig im Dingwalls in London eine Flasche auf den Sänger Joey Ramone warf. 18 Monate später hing er am Silvesterabend 1977 backstage bei ihrem Gig im Rainbow Theatre in Finsbury Park rum.

Als offizielles Mitglied der Sex Pistols war Sid jetzt berühmter als seine Helden, aber er sagte immer noch: »Die Ramones sind meine Lieblingsband.«

Besonders fasziniert war Vicious vom Ramones-Bassisten Dee Dee. Der Manager Danny Fields erinnert sich: »Sid vergötterte Dee Dee. Er war sein Vorbild, ein Junkie-Bassist, der nur unwesentlich kompetenter war als Sid.« Genau wie Dee Dee spielte Sid seinen Bass tiefhängend und Fields zufolge glaubten beide Männer, dass man ein komplettes Wrack sein muss, um ein perfekter Rockstar sein zu können.

John Simon Ritchie, ein Collegefreund von Johnny Rotten, hatte den Spitznamen Sid Vicious erhalten – nach dem Hamster des Sängers der Pistols. Weil er der Inbegriff des Punks war, durfte er den gefeuerten Bassisten Glen Matlock 1977 ersetzen.

Sid Vicious wird von seiner Freundin Nancy Spungen verfolgt.

Love Kills

Dass er das Instrument nicht spielen konnte, wurde dabei nicht als Problem angesehen. Er versuchte, das Bassspielen zu lernen, indem er wiederholt zum ersten Album der Ramones spielte.

Im März 1977 lernte Sid Nancy Spungen kennen, ein amerikanisches Groupie, das auf der Suche nach einem Punk-Liebhaber nach London gezogen war. Zusammen stiegen Sid und Nancy in die Drogenhölle hinab. Nachdem sich die Sex Pistols auf einer US-Tour 1978 aufgelöst hatten, versuchte Sid vergebens, eine Solokarriere zu starten. Er sprach darüber, eine Band mit Dee Dee gründen zu wollen, der Bassist der Ramones wusste jedoch nichts davon.

Am 12. Oktober 1978 wurde Nancy Spungen tot in einer Blutlache im Zimmer des Paares im berühmt-berüchtigten Chelsea Hotel aufgefunden. Vicious stand unter Mordverdacht

Das Debütalbum der RAMONES von 1976 und ihr Aufenthalt in London im selben Jahr hatten einen enormen Einfluss auf eine ganze Generation englischer Punkbands. Die Single *Sheena Is A Punk Rocker* vom Album *Rocket To Russia* (1977) war in Großbritannien ein Hit. 1986 veröffentlichte die Band ihr neuntes Album, *Animal Boy*, auf dem *Love Kills* zu finden ist. Nach 14 Studioalben trennten sich die Ramones 1996. Dee Dee Ramone starb 2002 an einer Überdosis Heroin, kurz nachdem die Band in die Rock and Roll Hall of Fame aufgenommen worden war. Ein Jahr zuvor war bereits der Sänger der Band, Joey Ramone, gestorben, und zwei Jahre später verstarb das Gründungsmitglied Johnny Ramone. Der bescheidene kommerzielle Erfolg der Ramones steht in keinem Verhältnis zu dem Einfluss, den die Band auf Punk, Indie und Hardcore hatte.

The Ramones

und wurde festgenommen. Er behauptete, sich nicht an den Vorfall erinnern zu können, die Spekulationen blieben.

Dee Dee stand seinem Freund bei und kaufte Sid ein neues Vorhängeschloss und eine Kette, die er um den Hals trug, weil die New Yorker Polizei das Original konfisziert hatte. Sid wurde auf Kaution entlassen. Während er auf seine Verhandlung wartete, starb er am 2. Februar 1979 an einer Überdosis Heroin.

Sids Tod bewegte Dee Dee dazu, *Love Kills* zu schreiben, eine Hommage an Vicious und seine ebenso zu trauriger Berühmtheit gelangten Freundin Nancy Spungen. Unüblicherweise übernahm Dee Dee den Gesangspart dieses Lied – eine typische kurze und dynamische Ramones-Nummer. *Love Kills* vertritt die Theorie, dass es sich um einen misslungenen Selbstmordpakt handelte.

Die Idee des dem Untergang geweihten Paares als Romeo und Julia des Punkrocks prägte auch die Filmbiografie *Sid & Nancy* von Alex Cox, die manchmal den Untertitel *Love Kills* trägt.

Luka

SUZANNE VEGA

Suzanne Vega hat die Musik ihrer ersten großen Liebe, dem Tanzen, vorgezogen und seither ist es der Rhythmus der Worte, der sie antreibt. Sie gibt auch zu, wissenschaftliche und medizinische Sachbücher zur Inspiration zu verschlingen.

Als Vega zwei Jahre alt war, zog ihre Familie von ihrem Geburtsort in Kalifornien nach New York. Sie wuchs in Spanish Harlem und der Upper West Side auf.

Nachdem sie in Großbritannien recht erfolgreich war, schaffte sie 1987 mit *Luka* den Durchbruch in ihrem Heimatland – die Single kletterte bis auf Platz drei der US-Charts.

Dass der Text von *Luka* aus der Sicht eines misshandelten Kindes geschrieben ist, macht den Song so fesselnd. Suzanne Vega gibt zu, dass Lou Reeds Album *Berlin* von 1973, das sich mit ähnlichen Themen beschäftigt, sie inspirierte. An dem Tag, als sie das Lied schrieb, hatte sie sich das Album angehört, um sich, wie sie sagt, zu konzentrieren und ihre Sinne zu schärfen. Sie hatte schon ein paar Monate über den Song nachgedacht, den sie letzten Endes in nur zwei Stunden schrieb.

Die Story basiert zum Teil auf einem Kind aus ihrer Nachbarschaft in New York, das sie immer mit anderen Kindern vor ihrem Haus spielen sah. »Luka war ein bisschen anders als die anderen Kids. Ich habe mich immer an seinen Namen und an sein Gesicht erinnert, aber ich wusste nicht viel über ihn. Er schien sich einfach von den anderen Kindern abzuheben. Der Song beruht auf ihm. Der Luka aus dem Lied wird misshandelt,

Suzanne Vega

Die Horatio Street in Greenwich Village, wo Suzanne Vega wohnte, als sie Luka zum ersten Mal sah.

ich glaube aber nicht, dass es dem echten so ging. Ich denke, er war einfach anders.«

In einem Interview mit der Zeitschrift *Performing Songwriter* verglich Vega das Komponieren mit dem Schreiben eines Theaterstücks. »Wie führt man die Figur ein? Man macht es, indem man sagt: ›My name is Luka, I live on the second floor.‹ Und dann bezieht man das Publikum mit ein, indem man sagt: ›I live upstairs from you, so you've seen me before.‹ Man beschuldigt das Publikum. Man zeigt mit dem Finger auf jemanden, ohne es wirklich zu tun. Man entfaltet diese Geschichte, die man eigentlich nicht erzählen kann, und man bezieht das Publikum mit ein. Und das wollte ich machen.« 1996, ein Jahrzehnt, nachdem sie den Song geschrieben hatte, enthüllte sie, dass Luka zufälligerweise

SUZANNE VEGA wurde 1959 geboren und machte 1977 ihren Abschluss an der legendären New York High School for the Performing Arts, auf der der Film *Fame* basiert. Danach trat sie in Greenwich Village in der Folkszene auf. Nur zwei Jahre nachdem sie 1984 ihren Plattenvertrag unterschrieben hatte, gab sie zwei ausverkaufte Konzerte in der Royal Albert Hall in London.

Ihr größter Hit, *Tom's Diner*, war ursprünglich ein A-cappella-Track von ihrem Album *Solitude Standing*. 1990 brachte der britische Danceact DNA einen Remix des Songs heraus und bescherte der Sängerin damit einen unerwarteten, aber willkommenen transatlantischen Top-5-Hit. Mittlerweile gibt es dreißig Interpretationen des Songs.

den gleichen Familiennamen habe wie sie und dass der Titel ihn nicht stigmatisiert, sondern ihn im Gegenteil zu einer lokalen Berühmtheit gemacht hatte.

»Nachdem der Song bekannt geworden war, erzählte mir mein alter Mitbewohner, dass Luka mit einem Mädchen zu meiner alten Wohnung gekommen sei. Er muss so 15 oder 16 gewesen sein. Er bat meinen Mitbewohner: ›Würdest du diesem Mädchen bitte sagen, dass Suzanne Vega wirklich hier gewohnt hat?‹ Er schien nicht traumatisiert von dem Song zu sein. Soweit ich das beurteilen kann, benutzte er ihn, um Mädchen zu beeindrucken.«

Die Zeitschrift *Musician* berichtete 1988 über Vega und sah sie als Teil einer Welle von Künstlerinnen, die sich gerade einen Namen machten – dazu zählten auch Sinéad O'Connor, Tracy Chapman, Michelle Shocked und Toni Childs. Mit der ständigen Veröffentlichung von neuem Material hat sie ihre Zeitgenossinnen allerdings überdauert.

Magic Man

HEART

Trotz wiederholter Dementi ranken sich immer noch Gerüchte um Heart, dass sie ihren Hit *Magic Man* (1976) für den mörderischen Kultführer Charles Manson geschrieben hatten oder dass die Einnahmen an Manson im Gefängnis gingen oder dass Botschaften der Unterstützung für Manson in den Covern früherer Veröffentlichungen von Heart versteckt waren. Keine dieser Geschichten stimmt. Der Song geht auf eine stürmische Romanze in den Anfangstagen der Band zurück

Die Sängerin von Heart, Ann Wilson, war anfangs mit Roger Fisher – dem ursprünglichen Gitarristen der Band – und Steve Fossen – dem ersten Bassisten – Mitglied einer anderen Band mit dem Namen Hocus Pocus. Die Gruppe trat in den Clubs der nordwestlichen Staaten der USA auf. Rogers Bruder Mike hatte sich wie so viele junge Amerikaner der Einberufung nach Vietnam entzogen, indem er über die Grenze nach Kanada geflüchtet war. An einem Wochenende Ende 1971 fuhr er heimlich zurück nach Amerika, um sich die Band seines Bruders anzusehen. Bei dem Konzert lernte er Ann kennen. Es war Liebe auf den ersten Blick, ein magischer Moment. Ann ließ alles stehen und liegen und folgte Mike ins Nachbarland. *Magic Man* beschreibt ihr erstes Jahr zusammen. Der Song stellt die Bitte von

---

Schöne Haare. Das Line-up von Heart 1976 – das Jahr, in dem die Band mit »Magic Man« ihren ersten Top-10-Hit in den USA hatte.

Heart

Magic Man

Anns Mutter an die Tochter, wieder zurück nach Seattle zu kommen – »come on home, girl« –, der Einladung von Mike, zu ihm nach Vancouver zu ziehen – »come on home, girl« –, gegenüber.

Im darauffolgenden Jahr folgten dem Paar zuerst Fossen und dann Mikes Bruder Roger nach Kanada. 1973 gründeten sie Heart. Zuerst gehörten beide Fisher-Brüder als Gitarristen zum Line-up und 1974 zog auch Anns Schwester Nancy nach Kanada und wurde Mitglied der Band. Die beiden Wilson-Mädchen wurden zum Aushängeschild der Gruppe und zum Hauptverkaufsargument. Da die Schwestern so viele Instrumente beherrschen, konnte Mike sich aus dem Rampenlicht zurückziehen und als Toningenieur und Beleuchter arbeiten. Später wurde er Manager der Band.

Magic Man ist Ann Wilson zufolge nach wie vor Hearts meistgewünschter Song. Der Erfolg des Liedes beruht zum

HEART hatten viel Ärger mit ihrer Plattenfirma und konnten deshalb nicht so sehr von dem Erfolg von *Magic Man* (1976) – Platz neun in den US-Charts – profitieren. Die Band brauchte ein Jahrzehnt, um die Formel für anhaltenden Erfolg zu finden, aber ihr Durchhaltevermögen zahlte sich aus. Nach dem zweiten Labelwechsel war Heart bei Capitol unter Vertrag und perfektionierte die Powerballade. Zwei Beispiele dafür, *These Dreams* und *Alone*, schafften es 1986 und 1987 bis an die Spitze der amerikanischen Charts – bezeichnenderweise stammten beide Songs von anderen Songwriterteams. *Magic Man*, immer ein Highlight bei Konzerten, wurde unterdessen von Ice-T gesampelt, in mehreren Computerspielen verwendet und war auf dem Soundtrack von Sofia Coppolas *The Virgin Suicides – Verlorene Jugend* (1999) zu finden.

Teil auf Roger Fishers geheimnisvollem Gitarrespiel und besonders auf Anns Text, der vom Erwachsenwerden erzählt. Welcher verliebte Teenager hat auf der Reise von der Kindheit zum Erwachsensein nicht irgendwann mal gerufen: »Try to understand!«

Ann, die später zwei adoptierte Kinder als alleinerziehende Mutter großzog, hatte seit der Trennung von ihrem »Magic Man« 1979 keine »bessere Hälfte« mehr.

Malibu

HOLE

Courtney Love, Frontfrau der Band Hole, und Kurt Cobain, Frontmann der Grungeband Nirvana, lernten sich am 12. Januar 1990 im Satyricon, einem Nachtclub in Portland, kennen. Love startete einige Annäherungsversuche, aber Cobain wich ihr aus. Am Anfang ihrer Liaison brach Cobain Dates ab und ignorierte Loves Anrufe, weil er sich nicht sicher war, ob er eine Beziehung wollte. Cobain meinte: »Ich war fest entschlossen, für ein paar Monate Junggeselle zu bleiben … Aber ich mochte Courtney gleich so sehr, dass es echt schwer war, mich so viele Monate von ihr fernzuhalten.«

Die beiden kamen schließlich zusammen und wurden unzertrennlich. Am 24. Februar 1992, ein paar Tage nach dem Ende von Nirvanas *Pacific Rim*-Tour, heiratete das Paar am Strand von Waikiki auf Hawaii. Love trug ein Kleid aus Satin und Spitze, das einmal der Schauspielerin Frances Farmer gehört hatte. Cobain hatte einen grünen Pyjama an, weil er nach eigener Aussage zu faul gewesen war, einen Smoking anzuziehen. Am 18. August 1992 kam die Tochter des Paares, Frances Bean Cobain, auf die Welt.

Cobains und Loves Romanze hatte immer die Aufmerksamkeit der Medien auf sich gezogen, aber nach Veröffentlichung eines Artikels in der *Vanity Fair* wurden sie von den Reportern der Boulevardpresse geradezu verfolgt. Love hatte in dem Artikel zugegeben, Heroin genommen zu haben, als sie noch nicht wusste, dass sie schwanger war. Daraufhin wurde den Cobains das Sorge-

Cobain bei einem Nirvana-Konzert im Salem Armory in Salem am 14. Dezember 1993.

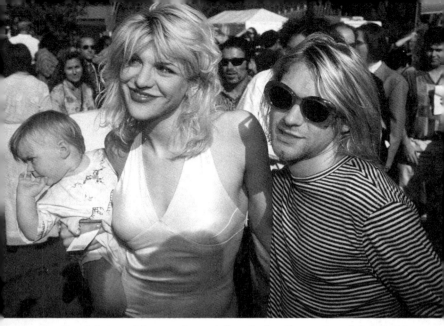

Kurt Cobain und Courtney Love mit ihrer Tochter Frances Bean Cobain auf dem Arm bei den MTV Video Music Awards im September 1993.

recht für die zwei Wochen alte Frances für mehrere Wochen entzogen und das Kind kam zu Courtneys Schwester Jamie. Nach einem monatelangen Rechtsstreit bekamen die Eltern schließlich das Sorgerecht für ihre Tochter zurück.

Cobain litt fast sein ganzes Leben unter einer chronischen Bronchitis und schlimmen Magenschmerzen, deren Ursache nicht diagnostiziert wurde und die er mithilfe von Drogen zu betäuben versuchte.

Seine ersten Erfahrungen mit Heroin machte Cobain irgendwann 1986. Mehrere Jahre spritzte er sich die Droge sporadisch, aber Ende 1990 entwickelte sich sein Drogenmissbrauch zu einer ausgewachsenen Sucht. Cobain behauptete, dass er fest entschlossen war, sich ein Drogenproblem zuzulegen, um seine Magenkrämpfe zu behandeln. »Anfangs habe ich drei Tage hintereinander Heroin genommen und hatte dann keine Bauchschmerzen mehr. Das war so eine Erleichterung«, erzählte er.

Als ein Elektriker ein Sicherheitssystem in Cobains Haus installieren wollte, fand er den Sänger und dachte zuerst, dass dieser schlafe.

Seine Drogensucht verschlimmerte sich. Anfang 1992 machte er seinen ersten Entzug.

Vor einem Auftritt beim New Music Seminar in New York im Juli 1993 verabreichte er sich eine Überdosis Heroin. Statt einen Krankenwagen zu rufen, spritzte Love Cobain Naloxon, um ihn aus der Bewusstlosigkeit zu holen. Cobain trat danach mit Nirvana auf und lieferte dem Publikum keinen Hinweis darauf, dass etwas Außergewöhnliches vorgefallen war.

Love organisierte am 25. März 1994 ein Treffen von befreundeten Musikerkollegen, Angestellten der Plattenfirma und Dylan Carlson, einem engen Freund von Cobain, um Kurt davon zu überzeugen, gegen sein Drogenproblem vorzugehen. Nach langen Diskussionen erklärte sich Cobain damit einverstanden, eine erneute Entziehungskur zu machen. Am 30. März 1994 kam er im Exodus Recovery Center in Marina del Rey in Kalifornien an. Die Mitarbeiter der Einrichtung wussten nichts von Cobains

Depressionen und dass er bereits einen Suizidversuch hinter sich hatte. Wenn er von Freunden besucht wurde, gab es keine Anzeichen dafür, dass er selbstmordgefährdet war oder eine negative Gemütsverfassung hatte. Er sprach mit Beratern über seine Drogensucht und persönliche Probleme und spielte fröhlich mit seiner Tochter Frances. Diese Besuche waren die letzten Begegnungen zwischen Vater und Tochter. Eines Abends ging Cobain vor die Tür, um eine zu rauchen, kletterte über einen zwei Meter hohen Zaun und verschwand. Er nahm sich ein Taxi zum Flughafen in Los Angeles und flog zurück nach Seattle. Am 3. April 1994 engagierte Love den Privatdetektiv Tom Grant, der Cobain finden sollte. Es kursierten viele Gerüchte um eine angebliche Trennung von Nirvana und am 7. April 1994 sagte die Band ihre Teilnahme am Lollapalooza Festival ab.

Am 8. April 1994 wurde die Leiche des 27-jährigen Cobain von einem Elektriker, der ein Sicherheitssystem installieren sollte, in seinem Haus in Lake Washington gefunden. Abgesehen von ein wenig Blut, das aus Cobains Ohr kam, waren dem Elektriker zufolge keine Wunden zu erkennen. Anfangs hatte er geglaubt, Cobain würde schlafen, bis er die Waffe sah, die auf Kurts Kinn gerichtet war. Man fand einen Abschiedsbrief, der an Cobains imaginären Freund aus Kindertagen, Boddah, gerichtet war. Darin stand: »Ich habe schon zu viele Jahre lang keine Begeisterung mehr beim Hören und Schreiben von Musik gespürt.« In seinem Körper wurden eine hohe Konzentration Heroin und Spuren von Valium nachgewiesen. Cobains Leiche hatte mehrere Tage dort gelegen. Der Gerichtsmediziner legte den Todestag auf den 5. April 1994 fest.

Courtney Loves Song *Malibu* wurde nach Cobains Tod aufgenommen und erschien 1998 auf dem Album *Celebrity Skin*.

In dem Lied gibt es einige Anspielungen auf den Kampf des Sängers gegen seine Dämonen und auf die Erleichterung, die er im Heroin fand. »How are you so burnt when you're barely on fire.« Der Zeitschrift *Blender* erzählte Love: »Als ich schwanger war, haben Kurt und ich immer davon gesprochen, dass wir aus dem Kellerapartment, neben dem Dealer wohnten, ausziehen und nach Malibu gehen würden. Das ist ein heilender Ort.« Der Song erhielt 1999 eine Nominierung für einen Grammy und erreichte Platz drei der amerikanischen Alternative-Charts.

Das Stück ist eine viel passendere Hommage als der Hole-Song *Rock Star* von 1994, in dem es heißt: »So much fun to be Nirvana / Fucking barrel of laughs in Nirvana / Say you'd die.«

Cobains künstlerische Bestrebungen, seine Heroinabhängigkeit, seine Krankheit und Depressionen sowie die Umstände seines Todes sind zum Gegenstand vieler Debatten und Streitigkeiten geworden. Mit seinem Tod wurde Cobain Mitglied des Klub 27, zu dem auch Brian Jones, Jimi Hendrix, Jim Morrison, Janis Joplin und Amy Winehouse gehören – Rockstars, die im Alter von 27 Jahren verstorben sind.

HOLE wurde 1989 in L.A. von Eric Erlandson (Gitarre), Jill Emery (Bass), Caroline Rue (Schlagzeug) und Courtney Love (Frontfrau und Songwriterin) gegründet. In den Texten von Love geht es häufig um schmierige Typen und Sex, aber *Malibu* vom Album *Celebrity Skin* war persönlicher. *Celebrity Skin*, das dritte Studioalbum der Band, war radiofreundlicher und, anders als die härteren Alternativerock-Vorgängeralben, eher dem Poprock zuzuordnen. Es erwies sich nicht nur als das kommerziell erfolgreichste Album der Band, sondern auch als das letzte vor der Trennung 2002. Love, die immer in den Schlagzeilen blieb – allerdings weniger für ihre Musik –, ließ die Band 2010 wiederaufleben.

Man On The Moon

R.E.M.

Als die Achtziger zu Ende gingen und die Neunziger anbrachen, waren R.E.M., eine der erfolgreichsten Gitarrenrockbands, nicht zu stoppen. *Man On The Moon* war die zweite Single von ihrem Platinalbum *Automatic For The People* (1992). Das Album entstand aus Jamsessions der Band, die ohne den Sänger Michael Stipe stattgefunden und bei denen die Musiker ihre Instrumente gewechselt hatten – Peter Buck tauschte seine Gitarre gegen eine Mandoline, Mike Mills spielte Piano und überließ den Bass dem Drummer Bill Berry.

Das Trio präsentierte Stipe dann Demos von dreißig neuen Songs. Der Sänger sagte gegenüber dem *Rolling Stone*: »Es waren Mid-Tempo-Nummern ... verdammt seltsam.« Auf dem Album geht es um Verlust und Moral, Themen, die der Band aufgrund der Gerüchte, dass Stipe Aids habe, besonders am Herzen lagen.

Der Song *Man On The Moon*, der von allen vier Gründungsmitgliedern der Band geschrieben worden war, ist eine Anspielung auf die Verschwörungstheorie, dass die NASA die sechs bemannten Flüge zum Mond (1969–72) vorgetäuscht habe. Verschwörungstheoretiker behaupten, dass die Filmaufnahmen der Missionen an ähnlichen Sets gemacht wurden wie denen, die man zu Simulationen auf der Erde im Astronautentraining verwendet, wie es zum Beispiel bei der Marslandung im Film *Unternehmen Capricorn* (1970) der Fall war. Durch den Wettlauf um

R.E.M.

Andy Kaufmans Rolle als glückloser Taxifahrer Latka Gravas in »Taxi« wurde ihm auf den Leib geschrieben, nachdem die Produzenten seine Figur »Foreign Man« gesehen hatten.

die Eroberung des Weltalls als Teil des Kalten Krieges sah sich Amerika dazu gezwungen, vor den Sowjets auf dem Mond zu landen. Man glaubte, dass die Mondlandungen vorgetäuscht werden mussten, um John F. Kennedys Vision von 1961 wahr werden zu lassen, dass noch vor Ende des Jahrzehnts ein Mann auf dem Mond landen und dann sicher zur Erde zurückkehren würde. Solch eine Errungenschaft wäre eine gute Ablenkung für die Amerikaner, die Ende der Sechziger durch den Vietnamkrieg desillusioniert waren.

Die Inspiration für den Song war Andy Kaufman, ein »dadaistischer« Comedian und Schauspieler, der Aktionskunst und Comedy bis an den Rand der Irrationalität trieb und die Grenze zwischen Fantasie und Realität verwischte. Michael Stipe sah ihn als Teenager im Fernsehen und sagt, dass der Schauspieler großen Einfluss auf ihn hatte.

Kaufman debütiert mit seinem »Foreign Man« 1976 in »Van Dyke and Company«. Der Komiker mochte ausgeklügelte Streiche. Viele dachten, dass er seinen frühen Tod vorgetäuscht habe.

Kaufman, der 1949 in New York geboren wurde, verfeinerte seine Art der Stand-up-Comedy in den Nachtclubs und Cafés seiner Heimatstadt, bevor Lorne Michaels ihn bat, am 11. Oktober 1975 in der ersten Ausstrahlung der Fernsehshow, die überaus beliebt und erfolgreich werden sollte, aufzutreten – bei *Saturday Night Live*.

Kaufman war ein riesiger Fan von Elvis Presley, und als der Komiker in der Highschool war, hatte er eine wirklich gute Elvis-Parodie drauf. Viele sagen, dass er der erste Elvis-Imitator war. Andy fuhr sogar per Anhalter nach Las Vegas, um sein Idol zu sehen, und der King sah ihn als seinen Lieblingsimitator an. Stipe macht in der zweiten Zeile des Refrains eine Anspielung darauf:

Hey Andy, are you goofing on Elvis?
Hey, baby, are we losing touch?

Außerdem wird im Song Bezug auf Kaufmans Vorliebe für Wrestling genommen – Andy war der erste zwischengeschlechtliche Wrestlingchampion der Welt. Zwischen 1979 und 1983 hatte er gegen über vierhundert Frauen gekämpft. Die Zeile »Mr. Fred Blassie in a breakfast mess« ist ein Hinweis auf den Film *My Breakfast with Blassie* von 1983, in dem Kaufman mitgespielt hatte und bei dem Linda Lautrec und Johnny Legend Regie führten. In diesem einstündigen Film, einer Parodie auf Louis Malles *Mein Essen mit André* (1981), trifft sich der Komiker mit dem sich im Ruhestand befindlichen Schwergewichtswrestler »Classy« Freddie Blassie für eine entsetzlich seltsame sechzigminütige Unterhaltung. Der Streifen ist vor allem dafür bekannt, dass Kaufman am Set seine Freundin Lynne Margulies kennengelernt hat.

Nachdem er durch *Saturday Night Live* berühmt geworden war, landete Kaufman die traumhafte Rolle als Latka Gravas in der Sitcom *Taxi*. Traurigerweise starb der Komiker am 16. Mai 1984 auf dem Höhepunkt seiner Karriere an einer seltenen

Form von Lungenkrebs – anfangs ging allerdings das Gerücht um, dass er seinen Tod vorgetäuscht hat.

Das Video zu *Man On The Moon*, bei dem Peter Care Regie führte, wurde im Antelope Valley in Kalifornien gedreht. Darin trägt Michael Stipe einen Cowboyhut und läuft eine Straße in der Wüste entlang. Er wird von einem Mann (Bill Berry) zu einem Truckstop mitgenommen, in dem Peter Buck der Barkeeper ist und Mike Mills Billard spielt. Nachdem er einen Teller Pommes gegessen hat, verschwindet Stipe im Dunkel der Nacht. In dem Truckstop läuft ein Fernseher, der Clips von Andy Kaufman zeigt.

Die britischen Siebzigerjahre-Glamrocker Mott the Hoople werden in der ersten Zeile des Songs erwähnt. Auf eine Frage von seiner Webseite sagte der ehemalige Mott-Frontmann Ian Hunter 2004, dass er keine Ahnung habe, warum sie in dem Lied vorkommen. Hunter meinte lakonisch: »Keinen Schimmer!«

Die Lyrics beschäftigen sich mit der Wahrnehmung von Realität und Illusion und damit, wie Vorstellungen zur Realität werden. Es gibt Anspielungen auf Newtons Gravitationsgesetz und darauf, wie Darwin mit seiner Evolutionstheorie den Glauben herausforderte.

Der Song ist besonders ansprechend durch die umfangreiche Verwendung von Yeahs am Ende jeder Zeile in den Strophen. In der britischen Chartshow *Top of the Pops* wurde gesagt, dass die Yeahs eine Hommage an die Musik und das Songwriting von Kurt Cobain seien. Der Sänger wollte den Nirvana-Frontmann übertrumpfen, der selbst ein Faible dafür hatte, so viele Yeahs wie möglich in einen Song zu quetschen – Cobain war ein Meister darin.

Der Song gab einem Film über Kaufman seinen Namen. Milos Forman führte Regie und Jim Carrey, Danny DeVito sowie Courtney Love spielten in dem Streifen von 1999 mit. R.E.M. nahmen den Soundtrack für *Der Mondmann* auf. Michael Stipe sagte, dass der Song für ihn »eine lustige, traurige Grabrede für einen großartigen Mann« sei. R.E.M. spielten den Song zusammen mit Eddie Vedder von Pearl Jam, als sie 2007 in die Rock and Roll Hall of Fame aufgenommen wurden.

R.E.M., eine vierköpfige Band aus Georgia, die sich nach dem Phänomen des »Rapid Eye Movement« benannt hat, schaffte es, sich innerhalb eines Jahrzehnts von Lieblingen des Collegeradios in weltweite Superstars zu verwandeln. Zwei sehr unterschiedliche Hitsingles, *Losing My Religion* und *Shiny Happy People*, hatten der Band den Durchbruch beschert, bevor sie 1992 ihr achtes Album, *Automatic For The People*, veröffentlichte. Aus diesem Album wurden sechs Singles ausgekoppelt, unter anderem *Man On The Moon*. 1997 erfand das Quartett den R.E.M.-Sound neu – man verwendete nun Drumcomputer und Synthesizer, aber der Ausstieg von Schlagzeuger Bill Berry war ein harter Schlag für die Gruppe. Im September 2011 gaben R.E.M. ihre Auflösung bekannt.

Memphis

PJ HARVEY

Jeff Buckley arbeitete gerade in Memphis, Tennessee, an den Songs für ein neues Album, als er am Abend des 29. Mai 1997 auf die Ankunft seiner Band wartete und im Wolf River, einem Zufluss zum Mississippi, schwimmen ging. Buckley ging voll bekleidet und mit Schuhen ins Wasser und sang dabei *Whole Lotta Love* von Led Zeppelin. Er verschwand aus dem Blickfeld seines Begleiters und wurde vom Sog eines vorbeifahrenden Schiffes erfasst.

Seine Leiche fand man sechs Tage später im Wasser. Die Autopsie ergab, dass es ein Badeunfall war, und es wurden keine Spuren von Alkohol oder Drogen in seinem Körper gefunden. Er war dreißig Jahre alt. Buckley hat einmal gesagt: »Ich bin ein Spinner … Aber manchmal ist das ganz nützlich, weil Spinner die Dinge einfach auf sich zukommen lassen können, auch wenn es um Katastrophen geht, totale Katastrophen.«

Sein Vater war der Singer-Songwriter Tim Buckley, den er kaum kannte und der im Alter von 28 Jahren an einer Überdosis Heroin starb. Seine Mutter, Mary Guibert, war eine Pianistin und Cellistin mit klassischer Ausbildung. Buckleys einziges Studioalbum, *Grace* (1994), zeigte seine Leidenschaft für unterschiedliche Musikstile und sein Talent als Gitarrist. *Grace* wurde zwar kein großer kommerzieller Erfolg, erhielt

---

Jeff Buckleys musikalisches Vermächtnis besteht aus nur einem Studioalbum.

Memphis

aber viel Lob von den Kritikern und von anderen Musikern. Nach Buckleys Tod wuchs sein Einfluss. Seine Version von Leonard Cohens *Hallelujah* wurde 2008 zu einem Megaerfolg auf iTunes.

Polly Jean Harveys und Jeff Buckleys Wege kreuzten sich am 24. Juni 1995 auf dem Glastonbury Festival auf der berühmten Pyramid Stage. Harvey spielte später als Buckley und trat in ihrem denkwürdigen pinkfarbenen Catsuit auf. Buckley war in zweierlei Hinsicht beeindruckt: »Sie ist sexy und sie erinnert einen an [den legendären Bluesmusiker] Howlin' Wolf.« Er war ein Fan ihres damals aktuellen Albums *To Bring You My Love*. Die Bewunderung beruhte auf Gegenseitigkeit.

Harvey komponierte *Memphis* als Hommage an Buckley in Form eines leidenschaftlichen Briefes. Sie verwendete dabei zwei Zeilen aus Buckleys Song *Morning Theft* in leicht abgewandelter Form: »But sometimes you gotta send it away / To bring it / To bring it back again«. Sein Song stammt von dem Album, an dem er gerade arbeitete, als er starb. Es wurde 1998 posthum unter dem Namen *Sketches For My Sweetheart The Drunk* veröffentlicht.

Memphis ist ein einfaches Klagelied, aber wie viele von Harveys Songs ist auch dieser verstörend heftig. Harvey ist nicht sentimental und versucht auch nicht, Buckley zu einer Legende zu machen. »Die Leute wollen Musiker zu mystischen Wesen erheben«, sagt sie missbilligend. »Ich bezweifle stark, dass man eine gequälte Seele sein muss, um gute Musik zu schreiben.« Sie scheint sich das Ertrinken nicht traumatisch, sondern eher heiter vorzustellen.

But oh what a way to go
So peaceful
He's smiling
Oh what a way to go
I'm with you
I'm singing

Buckleys tragischer Tod schien die Leute der Musikbranche stark zu berühren. *Memphis* war einer von mehr als zwanzig Songs, die darüber geschrieben wurden. Ein anderer ist *Teardrop* von Massive Attack, der von der ehemaligen Sängerin der Cocteau Twins, Elizabeth Fraser, gesungen wurde. Sie und Buckley waren enge Freunde.

PJ HARVEY mischte Anfang der Neunziger mit zwei gefeierten Singles und ihrem Debütalbum *Dry* (1992) die Indierockszene auf. Sie erhielt überschwängliche Kritiken für die Intensität ihrer Performance. Nach *Rid Of Me* (1993) trennte sie sich von ihrer Band und brachte 1995 ihr Soloalbum *To Bring You My Love* heraus. Gleichzeitig baute sie ein neues Element der Theatralik in ihre Shows ein und kleidete sich als Vamp in Rot. *Memphis* nahm sie während der Sessions für ihr mit einem Mercury Prize ausgezeichnetes Album *Stories From The City, Stories From The Sea* (2000) auf. Sie war die Erste, die den Mercury Prize zweimal gewann – zum zweiten Mal 2011 für *Let England Shake*.

Michael

FRANZ FERDINAND

Die wilden schottischen Indierocker Franz Ferdinand erschienen 2004 mit ihrer Hitsingle *Take Me Out* auf der Bildfläche. Das Quartett aus Glasgow verlieh der damals erneut aufblühenden britischen Indieszene Energie und stach mit seinem Nerd-Chic hervor.

Von einer Band, die sich nach dem Erzherzog von Österreich, dessen Ermordung den Ersten Weltkrieg auslöste, benannt hat, erwartete man, dass sie Kontroversen hervorruft. Und mit ihrer vierten Single, *Michael*, die im August 2004 veröffentlicht wurde, sorgte sie bei vielen konservativen Menschen sicher für Kopfschütteln.

Die ersten Zeilen dieser temporeichen, provokativen Nummer, die vom Frontmann Alex Kapranos gesungen werden, verdeutlichen den homoerotischen Unterton des Tracks. Kapranos und seine Bandkollegen sind allerdings alle heterosexuell und der Sänger war mit Eleanor Friedberger zusammen, der einen Hälfte des amerikanischen Indieduos Fiery Furnaces. Sie sollte später in einem anderen Song von Franz Ferdinand verewigt werden – in *Eleanor Put Your Boots On*.

Inmitten der Verwirrung und Faszination ihrer Fans – und einiger homophober Tiraden von anderen – beschloss Kapranos,

---

Michael Kasparis gefiel der Song so gut, dass er sich im dazugehörigen Musikclip selbst spielte.

Franz Ferdinand

Michael

die wahre Inspiration für den Floorfiller, den er zusammen mit seinem Gitarristen Nick McCarthy geschrieben hat, zu verraten. Er sprach mit dem britischen Schwulenmagazin *Boyz*.

»Die Band und ich sind eines Abends mit Freunden aus Glasgow ausgegangen. Wir waren in einem Lagerhaus bei einer Party, die Disco X hieß. Es war ein ausschweifender Abend und diese beiden Freunde tanzten sehr sexy miteinander«, erzählte er.

Einer dieser Freunde, der echte Michael – Musiker Michael Kasparis, Gitarrist der Glasgower Band V-Twin –, ist vor Freude über seine neue Berühmtheit fast geplatzt.

Sticky hair, sticky hips, stubble on my sticky lips
Michael, you're the only one I'd ever want

In die Charts kam der Song auch wegen des Videos, das in einem schmuddeligen Keller in Berlin gedreht wurde und in dem der echte Michael sich selbst spielte.

Er sagt: »Wir hatten einen zwanzigstündigen Drehtag – von acht Uhr morgens bis vier Uhr nachts – und ich wurde ununterbrochen gefilmt. Es hat Spaß gemacht. In der letzten Szene wird mir der Arm von einem Typen ausgerissen, der ein Stück von mir haben will. Mir musste also eine Prothese angepasst werden. Ich habe einfach getanzt. Es gab keine Choreografie. So tanze ich.«

Michael lieferte, wie vielleicht vorherzusehen war, den Hauptgesprächsstoff für die Rezensionen des selbstbetitelten Debütalbums von Franz Ferdinand, aber der liberale *New Musical Express* ignorierte den Aufruhr und verkündete: »*Michael* scheint eine offene Erforschung von Homoerotik zu sein, aber eigentlich spielt Alex nur mit sexuellen Rollen, so wie es Morrissey vor zwanzig Jahren gern getan hat.«

FRANZ FERDINAND taten sich 2002 in der Szene um die Glasgow School of Art zusammen, allerdings besuchte lediglich der Bassist Robert Hardy die Hochschule. Alex Kapranos (Gesang), Paul Thomson (Schlagzeug), Nick McCarthy (Gitarre) und Hardy modernisierten den Ansatz der Art-Rock-Bands der Siebziger wie Queen und Roxy Music und waren auch Fans der trendigen Achtzigerjahrebands Gang of Four und Fire Engines. Ihre Taktik, charmante Melodien mit funkigen Rhythmen zu unterlegen, brachte ihnen großen Erfolg und ihrem Debütalbum 2004 einen Mercury Prize ein.

My Father's Eyes

ERIC CLAPTON

Eric Clapton lernte seinen Vater Edward Walter Fryer, einen kanadischen Soldaten, der in England stationiert war und 1944 eine Affäre mit Pat Clapton hatte, nie kennen. Eric wuchs bei seinen Großeltern in dem Glauben auf, dass Pat, die nur 17 Jahre älter war als er, seine Schwester war. Mit neun Jahren erfuhr er die Wahrheit. Die Enthüllung verstörte ihn, weshalb er sich zurückzog und sich mit seiner Gitarre und dem Blues beschäftigte.

Erics Vater starb 1985, ohne erfahren zu haben, dass Clapton sein Sohn war. Er war ein Barpianist gewesen, der auch selbst Songs schrieb und von einer Stadt in die nächste zog, genauso wie er von Frau zu Frau zog. Einige von diesen bekamen seine Kinder. Clapton hat genau wie sein Vater viele Beziehungen gehabt. Zwei Jahre nach dem Tod seines Vaters bekam er selbst einen Sohn – Conor war das Ergebnis einer kurzen Affäre.

Eric hat nie eine Vater-Sohn-Beziehung erlebt, aber in seiner Biografie meinte er: »Als ich meinem Sohn in die Augen gesehen habe, kam das dem Blick in die Augen meines Vater am nächsten.«

1991 stürzte Conor aus einem Fenster im 53. Stock. Er war gerade einmal vier Jahre alt. Der Verlust des Jungen

---

Normalerweise weicht Eric Claptons Blick der Kamera aus, aber hier schaut er zu der Zeit, als er bei Cream spielte, direkt in die Linse.

und mit ihm des Gefühls der Verbundenheit zu seinem Vater ließen den Gitarristen in einer tiefen Depression versinken. Wie immer wandte er sich der Musik zu, um den Schmerz zu lindern. Das erste Ergebnis dieser Therapie war der Song *Tears In Heaven*, der 1992 zu einem weltweiten Hit wurde. Ein anderer Song, *My Father's Eyes*, beschäftigt sich auch damit, wie Clapton sich fühlen würde, wenn er seinen Vater im Himmel treffen würde.

How will I know him?
When I look in my father's eyes

ERIC CLAPTON veröffentlichte *My Father's Eyes* 1998 auf dem Album *Pilgrim*, das er zusammen mit Simon Climie, einer Hälfte des Duos Climie Fisher, produzierte. Als Single stieg der Song in die britischen Top 40 ein und wurde mit einem Grammy in der Kategorie »Best Male Pop Vocal Performance« ausgezeichnet. *Pilgrim*, Claptons erstes Album mit neuem Material seit *Journeyman* von 1989, erhielt gemischte Kritiken. Trotz seines bewegten Privatlebens, zu dem neben vielen Beziehungen auch Phasen des Alkohol- und Drogenmissbrauchs gehörten, macht Clapton weiterhin Musik. Eric Clapton wird als einer der größten Gitarristen aller Zeiten angesehen und sein musikalisches Vermächtnis ist unglaublich facettenreich.

Clapton spielte den Song hin und wieder in verschiedenen Versionen zwischen 1992 und 1998, bis der Track in einer neuen Fassung zu einem Hit wurde. Seit 2004 hat er weder *My Father's Eyes* noch *Tears In Heaven* live gespielt. Die Zeit hat seine Wunden geheilt und Clapton spürt nicht mehr die Emotionen, die er brauchte, um diese Songs spielen zu können. »Sie sind irgendwie weg«, sagt er, »und ich möchte eigentlich nicht, dass sie wiederkommen.«

Die Veröffentlichung des Songs veranlasste einen kanadischen Journalisten, die Geschichte von Claptons Vater zu untersuchen. Er beschäftigte sich mit dem Leben des Mannes und machte einige Halbgeschwister von Eric ausfindig. Außerdem stöberte er ein Foto von Erics Vater auf und 1998 konnte der Gitarrist zum ersten Mal die Augen seines Vaters sehen. Clapton selbst hat vier Töchter, aber keinen weiteren Sohn.

My Old Man

JONI MITCHELL

Laurel Canyon in der Nähe von Los Angeles war Ende der Sechziger das Zuhause von vielen Schlüsselfiguren der Hippiekultur. Stars wie Jimi Hendrix und Carole King sowie Bandmitglieder der Monkees und der Doors wohnten dort. Joni Mitchells Heimat war eine Art inoffizielles Clubhaus für die Folk-Rocker von Bands wie den Byrds und Buffalo Springfield. Eines Abends bei einer Jamsession sangen Crosby, Stills and Nash – die Giganten des Genres – dort zum ersten Mal zusammen.

Graham Nash, Sänger der britischen Beatband Hollies, war nach Kalifornien gekommen, um eine Solokarriere zu starten. Stattdessen fand er in David Crosby und Stephen Stills seine lebenslangen musikalischen Partner und verliebte sich Hals über Kopf in Joni Mitchell.

Er zog zu ihr und man sagte, dass das Paar jedes Zimmer erhellte, wenn es eintrat. Die beiden Singer-Songwriter liebten sich zweifellos und das Haus an der Lookout Mountain Road wurde zu einem Zentrum der Kreativität. Nash arbeitete an den Songs, die auf dem Klassiker *Déjà Vu* erscheinen würden, und Mitchell schrieb an ihrem zweiten Werk, *Clouds*. Morgens gingen sie in einem Café auf dem Ventura Boulevard frühstücken und Graham zufolge gab es danach ein Wettrennen zum Klavier.

Obwohl sie ineinander verliebt waren, hatten sie verschiedene Vorstellungen vom gemeinsamen Leben. Ende 1969, als Mitchell bereits an ihrem dritten Album, *Ladies*

Graham Nash wollte eine traditionellere und häuslichere Beziehung, als Joni Mitchell ihm geben konnte.

Of The Canyon, arbeitete, trennten sie sich. Die Trennung belastete Mitchell sehr, und nachdem sie mit *Canyon* ihren bisher größten Erfolg gefeiert hatte, nahm sie sich eine Auszeit und versuchte, sich durchs Malen, Schreiben und Reisen wieder zu fangen.

Der Rückzug aus der Öffentlichkeit erlaubte es ihr, einen Schlussstrich unter die Sache zu ziehen. Ihr Songwriting erreichte einen neuen Höhepunkt und sie kam mit einem Album zurück, das viele als das beste Album aller Zeiten mit ehrlichen Songs ansehen – *Blue* von 1971. Darauf war auch ihre Pianoballade *My Old Man* zu finden, zu der sie ihre Beziehung mit

Nash inspiriert hatte. Der Song ist ein zärtliches Liebeslied, aber im Refrain kommt auch zur Sprache, dass sie unterschiedliche Dinge wollten:

We don't need no piece of paper
From the City Hall
Keeping us tied and true

Graham Nash brauchte dieses Stück Papier aber anscheinend doch. Er heiratete 1977 die Schauspielerin Susan Sennett, mit der er heute noch zusammen ist.

JONI MITCHELL wurde 1943 in Fort Macleod in Kanada geboren. Schon früh fing sie an, Klavier, Gitarre und Ukulele zu spielen. Neben der Musik war die Malerei von jeher ihre Leidenschaft. Joni war Mitte der Sechziger eine erfolgreiche Songwriterin, deren Lieder von Künstlern wie Tom Rush, George Hamilton IV, Buffy Sainte-Marie und Judy Collins gesungen wurden. Ihr drittes Album, *Ladies Of The Canyon*, auf dem *Big Yellow Taxi* erschien, wurde im April 1970 veröffentlicht, einen Monat nachdem Joni Mitchell ihren ersten Grammy in der Kategorie »Best Folk Performance« gewonnen hatte. Die Songs des Albums wurden im Radio rauf und runter gespielt und im Herbst erhielt Joni ihre erste Goldene Schallplatte für eine halbe Million verkaufter Kopien. Der vielleicht bekannteste Track der LP ist *Woodstock*, der von dem gleichnamigen Festival handelte, das im vorherigen Jahr stattgefunden hatte – sie selbst nahm allerdings nicht daran teil. Ein Cover dieses Songs wurde später ein Hit für ihre Freunde Crosby, Stills, Nash and Young – die bei dem Festival gewesen sind.

Rolling In The Deep

ADELE

Die britische Popdiva und Grammypreisträgerin Adele Adkins erschien 2008 mit ihrem Debütalbum *19*, das nach dem Alter, in dem sie es aufgenommen hatte, benannt war, auf der Bildfläche. Sie wird von Fans auf beiden Seiten des Atlantiks bewundert und ihr zweites Album, *21*, sowie ihr Auftritt bei den Brit Awards 2011 machten sie endgültig zum Superstar. Auf *21* sind elf sehr persönliche Songs zu finden, die von einem geheimnisvollen Mann handeln, der Adele in den zwei Jahren zwischen den beiden Alben zuerst das Herz gestohlen und dann gebrochen hat.

Die erste Singleauskopplung von *21*, *Rolling In The Deep*, weckte das Interesse des Publikums und gehört zu den persönlichsten Tracks des Albums. Adele singt unverblümt von ihrer Wut und ihrem Bedauern. Der Song erzählt die Geschichte einer verlorenen Liebe und die Sängerein klagt: »We could have had it all.«

Die Lyrics klingen zwar eindrucksvoll, aber Adele gab später zu, dass es ihr sehr schwergefallen war, sie zu schreiben, und dass es eine äußerst emotionale, wenn nicht gar eine erlösende Erfahrung gewesen war. »Es hat mir das Herz gebrochen, als ich *21* geschrieben habe. Dass es nun die Menschen berührt, ist für mich der beste Weg, mich zu erholen, denn ich bin immer noch nicht ganz darüber hinweg. Ich werde zehn Jahre brauchen, um darüber hinwegzukommen, so fühlt es sich jedenfalls an.«

Adele zu Beginn ihres kometenhaften Aufstiegs 2008.

Rolling In The Deep

Adele verliebte sich, als sie mit 19 auf Tour war. »Er war etwas älter als ich und erfolgreich«, erzählte sie MTV. »Die Typen, mit denen ich vorher zusammen war, waren in meinem Alter und machten eigentlich nichts.«

Sie fügte hinzu, dass sie durch die Beziehung anfing, sich für neue Dinge zu interessieren. »Ich habe mich dafür interessiert, in Clubs zu gehen und mich zu betrinken. Er hat mein Interesse für Filme, Bücher, Essen, Wein, Reisen, Politik und Geschichte geweckt. Für diese Dinge habe ich mich früher nicht interessiert.«

Der Titel *Rolling In The Deep* ist eine Anspielung auf die in London beliebte Phrase »roll deep«, die bedeutet, dass man jemanden hat, der auf einen aufpasst. Adele erzählte dem *Rolling Stone*: »Ich hatte das Gefühl, dass es so war. Ich

ADELE kam als Adele Laurie Blue Adkins auf die Welt und wuchs im Süden Londons auf, wo sie mit ihrer alleinerziehenden Mutter hingezogen war, als sie elf war. Sie besuchte die BRIT School for the Performing Arts and Technology in Croydon zur gleichen Zeit wie Leona Lewis und machte 2006 ihren Abschluss. Nachdem ein Freund drei ihrer Demosongs, die sie für ein Schulprojekt aufgenommen hatte, bei Myspace gepostet hatte, bekam sie ihren ersten Plattenvertrag. Sie war 2008 die erste Künstlerin, die den Critics Choice Award bei den Brit Awards erhielt. Viele andere Awards und Auszeichnungen folgten.

dachte, so würde es immer sein und am Ende war es dann doch nicht so.«

Adele hat *Rolling In The Deep* zusammen mit dem britischen Songwriter Paul Epworth geschrieben. Der Song erreichte Platz eins in den amerikanischen Charts und gelangte insgesamt in acht Ländern an die Spitze der Charts – nur in Großbritannien nicht.

Trotz des Erfolgs trauerte Adele ihrer verlorenen Liebe nach. Im September 2011 verriet sie dem Publikum bei einem Konzert in London allerdings: »Wir sind wieder Freunde. Keine Angst, ich weiß, was ich tue. Es ist genug Zeit vergangen … Das Album hat mir geholfen, über die Trennung von meinem Freund hinwegzukommen. Es hat mir geholfen, zu vergeben, und ich hoffe, dass er sich selbst vergeben hat.«

Viele Fans würden gern erfahren, wer der geheimnisvolle Liebhaber war, wenn auch nur, um ihm zu danken, dass er die Inspiration für einen der erfolgreichsten britischen Songs des Jahrzehnts geliefert hat.

Rooms On Fire

STEVIE NICKS

Im Jahr 1987 erlebten Fleetwood Mac mit ihrem Album *Tango In The Night* so etwas wie ein Comeback. Im darauf-folgenden Jahr machte sich die Band diesen Erfolg zunutze und veröffentlichte ein Greatest-Hits-Album, während sich die Sängerin Stevie Nicks ins Studio begab, um ihr viertes Soloalbum, *The Other Side Of The Mirror*, zu schreiben und aufzunehmen. Während der Aufnahmen hatte sie eine kurze, aber intensive Affäre mit ihrem Produzenten, dem britischen Synthesizerspieler Rupert Hine.

Hine ist wahrscheinlich nicht besonders bekannt, außer für seine Verbindung zu Nicks. Als Mitglied der Band Quantum Jump landete er 1979 mit *The Lone Ranger* einen Achtungs-erfolg. Aber die Dutzend Alben, die er mit Bands oder als Solokünstler veröffentlichte, sind bedeutungslos im Ver-gleich zu den mehr als 120 Alben anderer Künstler, die er produzierte.

Mit von ihm produzierten Alben schafften Bob Geldof, Howard Jones, Murray Head und The Fixx den Sprung in die Charts. Sicher kam er durch seine Arbeit an zwei LPs von Tina Turner, *Private Dancer* und *Break Every Rule*, in die engere Auswahl als Produzent für Stevie Nicks. Aber schon bei ihrem ersten Treffen wurde aus ihrer beruflichen Beziehung mehr. »Der Abend, an dem ich Rupert Hine kennengelernt habe, war ein gefährlicher«, schrieb Nicks. »Es herrschte eine Spannung zwischen uns, die jedem um uns herum auffiel.«

Rupert Hine auf dem Cover seines Albums »The Wildest Wish To Fly« (1983).

Es funkte zwischen ihnen und während der viermonatigen Studioarbeit in einem niederländischen Schloss hatten sie eine Affäre. In dieser Zeit wurde *Rooms On Fire* geschrieben und aufgenommen. »Es geht darum, dass man einen Raum voller Menschen betritt und jemanden erblickt, der einem das Herz höher schlagen lässt. Die ganze Welt scheint in diesem Moment in Flammen zu stehen«, sagte Nicks in einem Interview. »Immer, wenn Rupert einen dieser alten, dunklen Räume in dem Schloss betreten hat, stand das Zimmer in Flammen.«

Rooms On Fire

Aber als sie dann in Hines Studio in England umzogen, um das Album zu mixen, erlosch das Feuer. Es kamen viele Gerüchte über die Gründe für die Trennung auf und bei keinem kam Hine, ein verheirateter Mann, gut weg. Hat er Stevie, die gerade clean war, Drogen angeboten? War seine Frau schwanger? Hine hat sich nie in der Öffentlichkeit darüber geäußert und Nicks sagte nur: »Ihm ist etwas passiert, das es uns einfach unmöglich gemacht hat, je wieder zusammen zu sein ... Das hatte nichts mit Liebe zu tun.«

Rupert Hine konzentrierte sich weiter auf seine Arbeit als Produzent und arbeitete zuerst für Tina Turner und später für Bob Geldof, Eleanor McEvoy, Suzanne Vega und viele andere. Ganze Arbeit hatte er auch bei *The Other Side Of The Mirror* geleistet. Das Album stieg in den USA und in Großbritannien in die Top 10 ein und *Rooms On Fire* war fast genauso erfolgreich.

STEVIE NICKS kam zwar 1948 in Phoenix, Arizona, auf die Welt, war aber in vielerlei Hinsicht der Inbegriff der blonden Kalifornierin und die erfolgreichste Solokünstlerin der Achtziger. Sie nutzte Fleetwood Mac als Sprungbrett zum Ruhm. Bereits 1973 hatte sie sich mit dem Singer-Songwriter Lindsey Buckingham zusammengetan. Ihre Spezialität war es, Frauen als Herzensbrecherinnen oder Opfer der Liebe zu porträtieren. Die von ihrem Markenzeichen – dem gequälten Jammern – gekennzeichneten Solosongs waren genauso erfolgreich wie ihre Fleetwood-Mac-Nummern. *Rooms On Fire* schaffte es auf beiden Seiten des Atlantiks auf Platz 16 der Singlecharts. Stevie Nicks nimmt immer noch Songs auf und geht allein und mit Fleetwood Mac auf Tour. 2011 veröffentlichte sie nach einem Jahrzehnt wieder ein Soloalbum: *In Your Dreams*.

Auf der Europatour zu diesem Album 1989 wurde Nicks zunehmend von einem Beruhigungsmittel abhängig, das sie ironischerweise verschrieben bekommen hatte, um mit ihrem Kokainentzug fertig zu werden. In den Neunzigern nahm sie, nun clean, ihre Karriere wieder in Angriff. Sie geht immer noch regelmäßig auf Tour, hat *Rooms On Fire* aber seit 1999 nicht mehr gespielt.

Rufus Is A Tit Man

LOUDON WAINWRIGHT III

Interviews mit Loudon Wainwright sind selten so aufschluss-reich wie seine Songs. Der Mann, den Altlantic Records für den »nächsten Bob Dylan« hielt, hatte immer Schwierigkeiten, über soziale Ungerechtigkeiten in Rage zu geraten, da er aus einer privilegierten Familie aus Westchester County stammt. Sein Vater, Loudon Wainwright Jr., war Herausgeber der New Yorker Zeitschrift *Life* und bei den Streits im Hause der Wainwrights ging es meistens darum, dass man sich vor dem Militärdienst drücken wollte oder mit Marihuana erwischt worden war.

In seiner vierzigjährigen Karriere hat Loudon die Auseinandersetzungen und Ereignisse in seiner Familie in schmerzlicher Deutlichkeit in Form von Songs festgehalten und beleuchtet. Anfangs wollte er seinen Vater ärgern, aber dann schrieb er auch über seine Frau und Kinder. Loudon heiratete die Folksängerin Kate McGarrigle. 1973 kam Rufus auf die Welt und 1976 Martha. Es gibt über alle Familienmitglieder Songs. Aber während die Songs über Martha – *Pretty Little Martha* und *Five Years Old* – nach der Trennung von seiner Frau Mitte der Siebziger entstanden und von Melancholie geprägt sind, weil er ihre Kindheit verpasste, hatte er für Rufus ein Lied geschrieben, als die Familie noch zusammen in New York lebte.

Vater und Sohn: Loudon Wainwright III. und Rufus Wainwright.

Rufus Is A Tit Man

Rufus Is A Tit Man handelt von seinem neugeborenen Sohn und ist witzig gemeint.

Come on mamma
Come on and open up your shirt
Yeah you've got the goods mamma
Give the little boy a squirt

Loudon besingt die Eifersucht auf seinen Sohn, der an etwas saugt, das »sweeter than wine« ist. Die wunderbare Ironie des Songs kam erst in den Achtzigern heraus, als Rufus seinen Eltern erklärte, dass er schwul sei und ganz sicher nie ein »Tit Man« sein würde.

Da Rufus selbst Karriere als Sänger und Komponist gemacht hat, ist die Spannung, die die Beziehung zwischen Loudon Wainwright III und seinem Vater bestimmt hat, auch Teil der Vater-Sohn-Beziehung der darauffolgenden Generation.

LOUDON WAINWRIGHT III. war Mitte bis Ende der Sechziger einer von vielen »neuen Dylans«. Er stach heraus, weil er seine schwere Singer-Songwriter-Kost mit sarkastischem Humor unterlegte. Mit *Dead Skunk* landete er einen Überraschungshit in Amerika. Er wurde als One-Hit-Wonder bezeichnet und verschwand danach gern wieder in der Versenkung. Gleichzeitig strebte er eine Karriere als Schauspieler an. Seine erste Rolle war die des singenden Chirurgen in der Fernsehserie *M*A*S*H* (1974-1975). Außerdem trat er in *Aviator* (2004), *Big Fish – Der Zauber, der ein Leben zur Legende macht* (2003), *Elizabethtown* (2005) *Jungfrau (40), männlich, sucht* (2005) und *Beim ersten Mal* (2007) auf.

Rufus' Erwiderung in Songform war weniger humorvoll als das Lied seines Vaters.

Dinner At Eight von seinem dritten Album, *Want One*, war von einem Streit inspiriert, den er mit Loudon in einem Restaurant hatte. »Wir hatten gerade ein gemeinsames Fotoshooting für den *Rolling Stone* gemacht und ich habe ihm gesagt, dass er echt froh sein muss, dass ich ihn nach all den Jahren wieder in die Zeitschrift gebracht habe. Das brachte die Sache ins Rollen. Später am Abend hat er gedroht, mich umzubringen. Also bin ich nach Hause gegangen und habe *Dinner At Eight* geschrieben.«

Es liegt offensichtlich in der Familie, die eigene Biografie zu emotionalen Songs zu verarbeiten.

Shine On You Crazy Diamond

PINK FLOYD

In den letzten Tagen seiner Solokarriere sagte Syd Barrett zu dem erfahrenen Rockfotografen Mick Rock: »Ich habe einen ganz unregelmäßigen Kopf.« Dann zog er sich in eine Welt des Schweigens zurück.

Am Anfang war Syd Barrett Pink Floyd: Er war der charismatische Sänger, der spritzige Songwriter, der Mittelpunkt der Band. Syd hatte die Namen der altgedienten Bluesmusiker Pink Anderson und Floyd Council kombiniert und zum Namen der Band gemacht. Auch die ersten beiden Singles der Band, *Arnold Layne* und *See Emily Play*, stammten aus Syds Feder. Er schrieb acht der elf Lieder ihres Debütalbums, *The Piper At The Gates Of Dawn*, und an zwei weiteren arbeitete er mit.

Die Band war aus der psychedelischen Szene der Sechziger, in der viel LSD konsumiert wurde, hervorgegangen und spielte ausgedehnte Progressive-Rock-Improvisationen in ohrenbetäubender Lautstärke zu einer psychedelischen Lichtshow im UFO Club in London – die Menschen tanzten dazu und ließen sich einfach überwältigen.

Die Härte des Popbusiness, die Forderung nach dreiminütigen Singles und die ständige Promotion gefielen Syd gar nicht. Pink Floyds beiden Hitsingles unterschieden sich sehr von ihrem üblichen Live-Repertoire und Barrett verärgerte die

Pink Floyd zu Anfang ihrer Karriere, als sie gerade einen Vertrag bei EMI unterschrieben hatten (v. l. n. r.): Roger Waters, Nick Mason, Syd Barrett und Richard Wright.

Fans häufig, weil er sich weigerte, die Songs zu spielen, wegen denen sie gekommen waren.

Als Pink Floyd ihr Debütalbum in der Abbey Road aufnahmen, waren die Beatles im Studio nebenan. Syd vergötterte John Lennon, der sich dagegen gewehrt hatte, in Mainstream-Popsendungen aufzutreten, und sich dafür aussprach, Promofilme zu drehen, die stattdessen gezeigt werden könnten. Nach zwei erfolgreichen Singles erhöhte sich der Druck auf Pink Floyd, aber Syd wollte mit dem Ruhm nichts zu tun haben. Als jüngster Sohn von fünf Kindern war er ziemlich verwöhnt und er hatte sich selbst große Mengen LSD gegönnt. Er fing an, gegen die Rolle, die seine Plattenfirma ihm zuschrieb, und den Zeitplan, der seiner Kreativität auferlegt wurde, zu rebellieren.

Bis 1968 hatte Syd sich stark verändert. David Gilmour, ein Freund aus Kindertagen, war von der Veränderung schockiert.

Pink Floyd

Sein Verhalten wurde immer unberechenbarer. Auf der Debüttour der Band durch Amerika 1967 weigerte er sich, in Pat Boones Fernsehshow Fragen zu beantworten, und bei *American Bandstand* benahm er sich Dick Clark gegenüber sehr grob. Beim Konzert im Fillmore in San Francisco verstimmte Barrett bei *Interstellar Overdrive* langsam seine Gitarre. Bei anderen Gigs spielte er die ganze Zeit nur einen Akkord oder stand einfach nur da. Die Amerikatour wurde abgebrochen.

In einem letzten Versuch schickte das Management die Band im Herbst 1967 mit Jimi Hendrix auf Tour. Bei den Konzerten spielten sieben Bands, unter anderem Amen Corner, The Move und The Nice. Die Jimi Hendrix Experience war der Headliner. An den Abenden, an denen Syd nicht danach war aufzutreten, blieb er im Tourbus oder verschwand in letzter Minute, sodass die Band improvisieren musste oder Davy O'List von The Nice einsprang. »Wir waren unschlüssig, ob wir es ohne Syd schaffen konnten, also duldeten wir jemanden, den man eigentlich nur als verrückt beschreiben kann«, meinte der Drummer Nick Mason.

Um Syds Abwesenheit und seine Mätzchen auf der Bühne zu kaschieren, holte man David Gilmour, einen Freund, für Liveauftritte in die Band. Die Band spielte fünf Gigs zu fünft, bis die anderen eines Tages beschlossen, sich eine Menge Ärger zu ersparen und Syd nicht abzuholen. Anfang März 1968 setzte sich der Bassist Roger Waters mit Syd zusammen und schlug ihm vor, es so wie Brian Wilson zu machen – zusammen mit der Band Songs zu schreiben und aufzunehmen, aber die Konzerte und die Promoarbeit den anderen vier zu überlassen.

»Ich dachte, ich hätte ihn überzeugt, dass es eine gute Idee sei, aber das hieß nicht viel, denn er würde seine Meinung innerhalb der nächsten Stunde wahrscheinlich wieder ändern«, erzählte Waters Syds Biografen Mike Watkinson und Pete Anderson. Die Manager von Pink Floyd waren von der Idee allerdings nicht besonders überzeugt – sie glaubten so sehr an Syds Macht, dass sie

sich von Waters und dem Rest der Band trennten. Sie waren überzeugt, dass die Band ohne Barrett nichts erreichen würde – das stellte sich später als eine der kostspieligsten Fehlentscheidungen aller Zeiten heraus.

Die Nachricht, dass Syd die Band verlassen hatte, machte am 6. April 1968 die Runde. Sein Management versuchte, ihn ins Studio zu bekommen, um ein Soloprojekt zu starten, erkannte aber langsam, wie schwierig diese Aufgabe war. Die Karriere von Pink Floyd kam unterdessen mit den Alben *A Saucerful Of Secrets*, *Soundtrack From The Film More*, *Ummagumma* und *Atom Heart Mother* in Schwung.

Die Einnahme von LSD und sein labiler psychischer Zustand machten Syd immer unberechenbarer. Die Tatsache, dass Pink Floyd zunehmend erfolgreicher wurden, bedeutete, dass auch die Verkäufe des ersten Albums in die Höhe schnellten, wodurch Syd regelmäßig Tantiemen bekam. Er konnte in seiner Wohnung sitzen und nichts tun. Mit der Hilfe von David Gilmour und letzthin auch Roger Waters gelang es Syd, zwei Soloalben mit skizzenhaftem Material herauszubringen. *The Madcap Laughs* und *Barrett* ließen sein Genie noch einmal aufblitzen, aber sein Stern sank und Outtakes der Aufnahmesessions zeigten, dass Syd einen Track selten zweimal gleich spielte.

Roger Waters Stern als Songwriter ging dagegen auf. Auf dem Mehrfach-Platin-Album *The Dark Side Of The Moon* gibt es Anspielungen auf Wahnsinn – die Inspiration dafür war sehr persönlich. Ihr nächstes Album, *Wish You Were Here*, beschäftigte sich direkt mit dem Thema und man widmete Syd den Song *Shine On You Crazy Diamond*. Bizarrerweise tauchte Syd 1975 während der Aufnahmen zu dem Album im Studio auf. Er hatte zugenommen und sich den Kopf rasiert. Der Keyboarder

Richard Wright erkannte ihn nicht einmal. »Ich habe diesen Typen gesehen, der auf und ab sprang und sich die Zähne geputzt hat. Und dann hat mir jemand gesagt, dass das Syd sei.« Die Band war geschockt und die Schuldgefühle, die sie seit seinem Weggang plagten, verstärkten sich.

Es war das letzte Mal, dass sie ihren ehemaligen Bandkollegen sahen. Syd zog sich in das Haus seiner Mutter in Cambridge zurück und widerstand allen Versuchen, ihn zurück ins Musikbusiness zu locken. Nach dem Tod seiner Mutter lebte er allein. Er blieb, so gut es ging, für sich. Man hörte erst wieder 2006 etwas von ihm, als berichtet wurde, dass er dem Bauchspeicheldrüsenkrebs erlegen war.

PINK FLOYD entwickelten sich über die Jahre immer weiter – der psychedelische Sound der Sechziger verwandelte sich in den Siebzigern und Achtzigern in Progressive Rock. Mit *The Dark Side Of The Moon* stiegen sie in die Liga der Stadionbands auf und das Album setzte sich an die Spitze der US-Charts. Der Nachfolger, *Wish You Were Here*, erhielt bei seiner Veröffentlichung Ende 1975 gemischte Kritiken. Der Bassist und Sänger Roger Waters verließ die Band 1985, nachdem die Zusammenarbeit mit Gilmour gescheitert war. 2005 fand die Band für einen Auftritt bei Bob Geldofs Live 8 wieder zusammen. Weitere Wiedervereinigungen sind nach dem Tod von Richard Wright 2008 allerdings unwahrscheinlich.

Silver Springs

FLEETWOOD MAC

Die britisch-amerikanische Band Fleetwood Mac, die 1967 gegründet wurde, war ein Jahrzehnt lang recht erfolgreich, bevor sie 1977 internationalen Ruhm erlangte – nicht einmal drei Jahre nachdem der neue Gitarrist Lindsey Buckingham und die Sängerin Stevie Nicks in die Band aufgenommen worden waren. Das Album *Rumours* von 1977 hielt sich mehr als sechs Monate an der Spitze der US-Charts und verkaufte sich über vierzig Millionen Mal. Es wurde zu einem der zehn meistverkauften Alben aller Zeiten.

Die LP wurde aus den kaputten Beziehungen innerhalb der Band geboren. Der Bassist John McVie ließ sich gerade von seiner Frau, der Sängerin Chrissie, scheiden und Nicks und Buckingham führten eine turbulente Beziehung. Nicks sagte später über sich und Lindsey: »Er und ich haben so gut zusammengepasst wie eine Boa constrictor und eine Ratte.«

Nicks und Buckingham waren zwar nie verheiratet, aber eine Zeit lang praktisch unzertrennlich. Stevie gab zu: »Wir haben sechs Jahre lang zusammengelebt. Ich habe für ihn gekocht, seine Wäsche gewaschen, auf ihn aufgepasst. So nahe werde ich dem Verheiratetsein nie wieder kommen.«

Lindsey und Stevie. Nicks war am Boden zerstört, als ihr Song es nicht auf das Album »Rumours« schaffte.

Silver Springs

Aber der Höhenflug der Band hatte seinen Preis und die Beziehung zerbrach daran. Plötzlich konnten die beiden, die so vernarrt ineinander gewesen waren, die Nähe des anderen nicht mehr ertragen. »Alles an mir schien ihn zu nerven«, meint Nicks.

Silver Springs ist ein unglaublich persönlicher Song, in dem es um Stevie Nicks' Gefühle nach der Trennung von Buckingham geht. Als der Song ohne ihr Wissen vom Album *Rumours* flog und zu einer B-Seite degradiert wurde, traf sie das schwer.

»Das war wahrscheinlich das Niederschmetterndste, das mir je jemand in meinem Leben angetan hat«, sagte die Sängerin später. »Ich erinnere mich noch lebhaft, dass ich raus auf den Parkplatz vor dem Studio gelaufen bin und geschrien habe, weil ich wusste, dass *Silver Springs* es verdient hatte, auf dem Album zu sein. Lindsey hat keine wunderschönen Liebeslieder über mich geschrieben, aber ich habe ein paar sehr schöne Liebeslieder über ihn geschrieben.«

I'll follow you down 'til the sound of my voice
will haunt you
You'll never get away from the sound of the
woman that loves you

Doch der große Tag von *Silver Springs* sollte noch kommen. Berichten zufolge war die Nichtberücksichtigung des Songs für *Rumours* einer der Gründe, warum Nicks die Band 1991 verließ, aber der Track half 1997, das erfolgreichste Line-up der Band wiederzuvereinigen. Nicks erklärte MTV 2009, dass die Zeit wirklich alle Wunden heile. »Ich habe gerade keine Lust, Lindsey anzuschreien. Ich fühle mich nicht aggressiv. Ich möchte, dass die Menschen die Emotionen von *Silver Springs* spüren, ohne dass Lindsey und ich uns angreifen.«

Sie bleibt gelassen, wenn sie über die Ereignisse spricht, die einige der größten Hits der Band und auch *Silver Springs* inspiriert haben: »Man sagt ja, dass große Kunst aus großen Tragödien entsteht.«

Bei FLEETWOOD MAC herrschte immer eine hohe Fluktuation. Durch die vielen Mitgliederwechsel und Veränderungen der Musikrichtung blieb die Band über die Jahre erfolgreich.

Rumours war das zweite Album mit der neuen Sängerin Stevie Nicks und schaffte es wie sein Vorgänger an die Spitze der amerikanischen Charts. Obwohl *Silver Springs* bei den Aufnahmesessions für das Album eingespielt worden war, ist der Song als B-Seite nur den Fans der Band bekannt.

Fleetwood Mac veröffentlichen auch im 21. Jahrhundert noch Alben, obwohl sich das Line-up noch oft geändert hat. Die Band hat nach wie vor viele Fans.

Smile

LILY ALLEN

Smile war der britische Nummer-eins-Hit, der Lily Allen zuerst in ihrer Heimat Großbritannien und dann auf der ganzen Welt bekannt machte. Die erste Single von ihrem Debütalbum *Alright Still* wurde drei Jahre später sogar in der amerikanischen Serie *Glee* gesungen. Zu der temporeichen Melodie und einem Sample des Songs *Free Soul* der Reggaeband Soul Brothers aus den Sechzigern singt sie einen bittersüßen Text, der aus einer düsteren Geschichte von Ablehnung, Schmerz und sogar Depressionen entstanden ist.

Der Track war von ihrer turbulenten Beziehung mit DJ Lester Lloyd und der darauffolgenden Trennung inspiriert. Lily hatte sich mit 18 Hals über Kopf in Lloyd verknallt und hielt ihn für die Liebe ihres Lebens. Aber die Liebe von Teenagern überdauert nur selten die Zeit und so dauerte es nicht lang, bis ihre Beziehung zerbrach.

Die Lyrics erklären die Trennung aus Lilys Sicht und überlassen nichts der Fantasie:

I was wanting more
But you were fucking that girl next door

Die Trennung machte Lily schwer zu schaffen und sie litt unter Depressionen, bis sie sich schließlich in die Priory-Klinik begab.

»Viele Mädchen können sich mit dieser Situation identifizieren«, erzählte sie der *Sun*. »Ich war sehr jung und ver-

Lily Allen 2006 auf der Bühne.

Smile

liebt. Ich war total aufgelöst und habe versucht, ihn dazu zu bringen, mich zurückzunehmen. Das war eine schreckliche Zeit. Wenn man 17 oder 18 ist, hat man all diese Gefühle und es ist schwer, damit fertig zu werden. Ich wurde depressiv und jeder, der unter Depressionen leidet, weiß, dass sie schnell so schlimm werden können, dass man nicht mehr aus dem Bett kommt.«

Bald brachte sie ihr Debütalbum heraus, auf dem sich auch der Song *Smile* befand, wodurch Lloyd als Inspiration für das Lied die Aufmerksamkeit der Öffentlichkeit erregte. Er verkaufte seine Geschichte an die britische Zeitung *Daily Mirror* und schlug Kapital aus Storys über Drogeneskapaden und Sex in der Sozialwohnung ihrer Mutter. Allerdings bestritt er, Lily je betrogen zu haben. »Ich weiß, dass sie jedem erzählt, dass ich mit ihrer besten Freundin geschlafen habe, aber das ist Mist. Ich weiß nicht einmal, welche Freundin sie meint. Lily ist ein süßes

LILY ALLEN, Tochter des britischen Komikers Keith Allen, wurde über die Internetplattform Myspace bekannt, nachdem sie dort eine Reihe von Videos und Songs gepostet hatte.

Nach ein paar fehlgeschlagenen Beziehungen fand sie in dem Maler und Dekorateur Sam Cooper ihren perfekten Mann, den sie im Juni 2011 heiratete. Sie schien dem Musikbusiness nach ihrem zweiten Album, *It's Not Me, It's You* (2009), den Rücken gekehrt zu haben, um sich mit ihrer Schwester Sarah um ein Modeunternehmen zu kümmern. Allerdings sind Sinneswandel ein Teil ihrer Persönlichkeit. Die Sängerin nutzt Twitter, um ihre Fans über ihre Pläne auf dem Laufenden zu halten.

Mädchen und ich habe sie geliebt. Ich finde sie immer noch cool und wir reden noch miteinander. Die Liebe war irgendwann einfach weg. Wir sind beide noch jung und es war für uns beide das erste Mal, dass wir richtig verliebt waren. Ja, ich schätze, wir sind füreinander die Liebe unseres Lebens und es war brillant, solange es gedauert hat.«

Allen sagt, dass die Männer seit der Veröffentlichung des Songs viel vorsichtiger im Umgang mit ihr sind. »Jetzt sind die Typen echt nett, wenn sie mit mir Schluss machen, denn sie wollen nicht in einem Song enden!« So wie der faule Typ aus ihrer Single *Not Fair*.

Someone Saved
My Life Tonight

ELTON JOHN

Im Jahr 1975 veröffentlichte Elton John *Captain Fantastic
And The Brown Dirt Cowboy*, ein autobiografisches Album
über die Anfänge seiner Songwriter-Partnerschaft mit dem
Texter Bernie Taupin. *Someone Saved My Life Tonight* erzählt
zum Beispiel davon, wie Taupin und der Bluesmusiker Long
John Baldry es Elton ausgeredet haben, eine möglicherweise
verhängnisvolle Ehe einzugehen.

Taupin und John lernten sich 1967 kennen, als sie sich beide
auf eine Anzeige von Liberty Records meldeten, in der neue
Talente gesucht wurden. Zwar fielen beide bei dem Casting
durch, aber der A&R-Manager Ray Williams riet ihnen, zusammenzuarbeiten. Und so zog Taupin von Lincolnshire nach
London. Das Duo entwickelte eine etwas unkonventionelle
Arbeitsmethode: Elton komponierte die Musik zu den schon
fertigen Texten von Bernie, ohne dass die beiden darüber dis-
kutierten.

Der Sänger Baldry, der wegen seiner Körpergröße von über
zwei Metern den Spitznamen »Long John« hatte, war eine feste
Größe in der Londoner Bluesszene der Sechziger und arbeitete
mit verschiedenen Mitgliedern der Rolling Stones und mit Rod
Stewart zusammen. Nach einigen Mitgliederwechseln wurde
Eltons Band Bluesology 1966 Baldrys Begleitband.

Elton John

Elton John und der Texter Bernie Taupin, der Elton vor einem der am wenigsten überzeugenden Selbstmordversuche aller Zeiten »gerettet« hat.

Am Heiligabend 1967 lernte Elton John Linda Woodrow in Sheffield bei einem Konzert mit Baldry kennen. Linda war die Erbin des Unternehmens Epicure und lebte von einem Treuhandfonds. Schon bald verlobte sich das Paar – ungeachtet der Tatsache, dass Elton schwul war – und zog in eine gemeinsame Wohnung in Nordlondon mit Taupin als Untermieter. Die Schlinge der Ehe zog sich unheilvoll um Eltons Hals zusammen. Sein Schicksal schien besiegelt zu sein.

Someone Saved My Life Tonight

Der britische Bluessänger Long John Baldry, der in einem Pub zu Elton John gesagt hat: »Mach es nicht.«

Am 7. Juni 1968 hatte Elton, als er schon nicht mehr in Baldrys Band war, einem alten Schulfreund geschrieben: »Ich wollte dir nur mitteilen, dass ich am 22. Juni auf dem Standesamt von Uxbridge heiraten werde … Wenn du denkst, dass das ein bisschen plötzlich kommt, hast du recht. Da wir zusammenwohnen, haben wir gedacht, dass wir auch heiraten können. In musikalischer Hinsicht passiert nicht viel, weil ich Probleme mit meiner Plattenfirma habe.«

Eltons Zusammenfassung der Ereignisse, die folgten, ist ziemlich eindeutig: »Ich bin mit Long John Baldry und Bernie ausgegangen und wir haben uns betrunken. Sie haben gesagt, ich solle nicht heiraten. Ich wusste, dass sie recht hatten, aber ich hatte keine Ahnung, wie ich aus der Sache wieder rauskommen sollte. Also habe ich mich betrunken, bin nach Hause gegangen und habe gesagt, dass ich nicht heiraten werde.«

Das Treffen der drei Männer hat im Bag O'Nails Club in der angesagten Carnaby Street in London stattgefunden. Der ahnungslose Elton gab später zu: »Ich kann nicht glauben, dass ich nie gemerkt habe, dass Baldry schwul war. Aber damals wusste ich auch nicht, dass ich schwul war. Im Nachhinein muss ich sagen, dass John nicht schwuler hätte sein können, auch wenn er es versucht hätte.«

Bernie Taupin erinnert sich an einen fast lächerlichen Selbstmordversuch von Elton etwa eine Woche zuvor. »Ich bin eines Tages aus meinem Zimmer gekommen, den Flur entlanggegangen und habe Gas gerochen. Ich dachte: Toll, da hat wieder jemand den Herd angelassen. Ich bin in die Küche gegangen und da lag Elton auf dem Boden vor dem geöffneten Herd. Ich hätte eigentlich denken sollen: Oh mein Gott, er hat versucht, sich umzubringen. Aber ich habe angefangen zu lachen, weil er auf einem Kissen lag und alle Fenster offen standen.«

Elton vertraute offensichtlich darauf, dass sein Songwritingpartner durch seine Songtexte für ihn sprach. Taupin war darin so geschickt, dass der Sänger seine Single *The Bitch Is Back* (1974) als seinen »Titelsong« bezeichnete. Long John Baldry hatte wohl zu ihm gesagt: »Du liebst Bernie mehr als diese Frau [Linda].« Elton gab später zu, dass Taupin für ihn der Bruder war, den er niemals hatte.

Aber 16 Jahre später ging Elton John dann tatsächlich den Bund der Ehe ein. Seine Braut hieß Renate Blauel, eine Deutsche, die er in den AIR London Studios kennengelernt hatte, wo sie arbeitete.

Als das Paar in der St. Mark's Church in Darling Point, Sydney, am Valentinstag 1984 mutig vor den Altar trat, herrschte allgemeine Verwunderung. Aber Bernie, der zusammen mit dem Manager John Reid Trauzeuge war, schien nicht überrascht und sagte: »Ich habe immer gewusst, wenn Elton die fixe Idee hat, eine Familie gründen zu wollen, würde es ziemlich plötzlich geschehen.«

Auf der anderen Seite der Welt versuchte der *Sunday Mirror*, Linda Woodrow aufzuspüren, die erste Frau, die es sich zum Ziel gemacht hatte, Mrs. Elton John zu werden – oder damals eher Mrs. Reg Dwight. Die *Sun* berichtete von der Hochzeit unter der Überschrift »Gut gemacht, Schwuchtel«, angeblich der Kommentar eines obszönen Australiers, als das Paar die Kirche verließ.

Die neue Mrs. John war im Mai 1984 an Eltons Seite im Wembley Stadion, als der Präsident des FC Watford sich das Finale des FA Cups ansah, in dem sein Club gegen den FC Everton spielte. Renate begleitete Elton auch zu seiner nächsten Aufnahmesession, bei der er *Breaking News* aufnahm. Johns Ehe wurde 1988 geschieden.

Als Elton auf Tour ging, lebte Renate mehrere Monate mehr oder weniger allein in seinem Zuhause in Woodside, Berkshire. Das spiegelte auf traurige Weise Eltons Kindheit wider, in der sein Vater nicht da gewesen war, weil er seinen Wehrdienst leistete. Philip Norman, Eltons Biograf, deutet an, dass es sicher kein Zufall war, dass der Sänger nach der Trennung von Renate Erinnerungsstücke, Möbel und Kunstwerke aus zwei Jahrzehnten weggab, um einen Schlussstrich zu ziehen und noch einmal von vorn anzufangen – als Single.

Seine Situation änderte sich, als Elton John 1993 seinen jetzigen Partner, den kanadischen Filmemacher David Furnish, kennenlernte. Am 21. Dezember 2005 gingen sie eine eingetragene Lebenspartnerschaft ein – am ersten Tag, an dem das in England möglich war. Sie haben einen Sohn, Zachary Jackson Levon Furnish-John, der 2010 auf die Welt kam.

Linda Woodrow, die heute Linda Hannon heißt, wohnt in den USA und hat viermal geheiratet. Long John Baldry starb 2005 im Alter von 64 Jahren an einer schweren Lungeninfektion. Der große kommerzielle Mainstreamerfolg blieb ihm versagt, mit der Ausnahme der Ballade *Let The Heartaches Begin* (1967), die in Großbritannien ein Nummer-eins-Hit war. In den Siebzigern verbrachte er einige Zeit in einer Nervenheilanstalt. Er strebte auch eine Schauspielkarriere an und spielte in mehreren Filmen Nebenrollen.

ELTON JOHN wurde 1947 als Reginald Dwight geboren, lernte mit vier Jahren Klavier spielen und besuchte später die Royal Academy of Music in London. Nachdem er sich mit Bernie Taupin zusammengetan hatte, nahm Elton sein Debütalbum *Empty Sky* auf. *Captain Fantastic And The Brown Dirt Cowboy* war Johns neuntes Album in sechs Jahren. Die einzige Singleauskopplung daraus, *Someone Saved My Life Tonight*, erreichte Platz vier der US-Charts. Elton John ist einer der berühmtesten Rockstars der Welt und hat mehr als dreißig Alben veröffentlicht, von denen mehr als 250 Millionen Kopien verkauft wurden.

Song For Guy

ELTON JOHN

Im Sommer 1978 lag Elton Johns letzter Top-20-Hit bereits einige Zeit zurück. Der letzte war mit der Single *Sorry Seems To Be The Hardest Word* im November 1976 veröffentlicht worden. Sie stammte vom Album *Blue Moves*, das eine uninspirierte Angelegenheit gewesen war, und während der Tour zu der Platte erklärte Elton in der Wembley Arena, dass dieses Album sein letztes sein würde. Nach sechs außergewöhnlichen Jahren an der Spitze waren er und sein kreatives Team (der Produzent Gus Dudgeon und der Texter Bernie Taupin) ausgebrannt.

Elton John gönnte sich eine lange Pause vom Tourleben und den Plattenaufnahmen, und als er im Januar 1978 wieder ins Studio ging, tat er dies ohne Dudgeon und Taupin. Seine neuen musikalischen Partner waren der relativ unbekannte Texter Gary Osborne und der Produzent Clive Franks. Franks und Osborne hatten zuvor an Hits für Kiki Dee zusammengearbeitet, die bei Elton Johns Label Rocket Records unter Vertrag stand.

Die Zusammenarbeit hatte den erwünschten Effekt. Die Veränderung brachte Eltons Kreativität wieder in Schwung und es entstand das Album *A Single Man* (1978), ein Cocktail aus starken Popsongs, die als seine besten seit *Captain Fantastic*

Elton Hercules John, der Boss von Rocket Records, auf einem Foto von 1978.

Song For Guy

And The Brown Dirt Cowboy von 1975 bejubelt wurden. Mit der energiegeladenen ersten Single aus dem neuen Album, *Part Time Love*, stieg Elton wieder in die Charts ein – Platz 15 in Großbritannien und Platz 22 in den USA.

Die Aufnahmen zu *A Single Man* dauerten neun Monate, bis es im Oktober 1978 bei Rocket Records veröffentlicht wurde. Das Label war 1972 von John, Taupin, Dudgeon und anderen gegründet und nach ihrem ersten Hit aus jenem Jahr, *Rocket Man*, benannt worden. Es handelte sich dabei um ein relativ kleines Label und Elton kannte alle Mitarbeiter persönlich. Einer, mit dem er regelmäßig Kontakt hatte, war der 17-jährige Guy Burchett, der Motorradkurier der Plattenfirma. Zu Guys Aufgaben gehörte die Abholung und Zustellung der kostbaren Tapes und Masters während des langen Aufnahmeprozesses.

Einer der letzten Tracks, der für *A Single Man* aufgenommen werden sollte (und zwar am 18. August 1978), war ein nachdenkliches Klavierstück. In dem Instrumentalstück wird nur immer wieder schwermütig »Life … isn't everything« gesagt. Elton John erinnert sich daran, wie er den Song komponiert hat: »Ich habe mir vorgestellt, im Weltall zu schweben und auf meinen eigenen Körper hinabzusehen. Ich stellte mir vor, dass ich starb. Ich war krankhaft von diesem Gedanken besessen und schrieb diesen Song über den Tod.«

Am darauffolgenden Tag erfuhr er, dass Guy bei einem Motorradunfall ums Leben gekommen war. Elton, der vom Verlust seines Kollegen zutiefst erschüttert war, benannte die melancholische Aufnahme schließlich nach ihm.

Der Track beendet das Album. In den USA wurde er nicht als Single veröffentlicht, weil man fand, dass er dem gerade veröffentlichten Instrumentalhit *Music Box Dancer* von Frank

Mills zu sehr ähnelte. Aber Ende 1978 wurde der Song zu Elton Johns erstem Top-5-Hit in Großbritannien seit 1973. Sein Texter Gary Osborne war darüber sicher weniger erfreut, denn keine seiner Lyrics hatten in dem sehr instrumentalen Lied Verwendung gefunden. Auch die B-Seite, *Lovesick*, war eine bis dahin unveröffentlichte Zusammenarbeit von Elton und Garys Vorgänger Bernie Taupin.

ELTON JOHN ist einer der erfolgreichsten Singer-Songwriter aller Zeiten. Er veröffentlichte die meistverkaufte Single seit Bestehen der britischen und amerikanischen Singlecharts, als er 1997 in Gedenken an Prinzessin Diana *Candle In The Wind* erneut herausbrachte. Der Song verkaufte sich weltweit über 35 Millionen Mal. Die Tantiemen gingen an Wohltätigkeitsorganisationen. Eltons AIDS Foundation hat über 200 Millionen Dollar gesammelt und die Arbeit in 55 Ländern unterstützt. In den Neunzigern und Nullerjahren arbeitete er an vielen Soundtracks, unter anderem an dem für den Disneyklassiker *Der König der Löwen*, und nahm Duette mit aktuellen Künstlern auf, zum Beispiel mit 2Pac und den Killers.

Speechless

LADY GAGA

Da Lady Gaga vor allem für ihre ausgefallenen Outfits, ihr buntes Make-up und ihre schrille Persönlichkeit auf und abseits der Bühne bekannt ist, könnte man auf den Gedanken kommen, dass sie nie eine Ballade, schon gar keine über ihren Vater, schreiben würde. Aber das Entertainmentphänomen aus New York, das als Stefani Germanotta auf die Welt kam, tat Ende 2009 genau das.

Hinter der pompösen Fassade von Lady Gaga steckt auch nur ein normales Mädchen, das seine Eltern liebt. Anders als viele andere Künstler hat sie nur schöne Erinnerungen an ihre Kindheit: »Meine Eltern haben mich bei allen kreativen Dingen, die ich machen wollte, unterstützt, ob ich nun Klavier spielen oder Schauspielunterricht nehmen wollte. Sie mochten es, dass ich ein motivierter junger Mensch war.«

Joseph Germanotta war schon viele Jahre herzkrank, wie Lady Gaga später verriet: »Ich wusste 15 Jahre lang von der Krankheit meines Vaters. Er hat zu mir gesagt: Was passiert, das passiert.« Diese laxe Haltung gegenüber seiner Krankheit veranlasste die Sängerin im April 2009, *Speechless* zu schreiben.

Als sie in Australien auf Tour war, erhielt Lady Gaga einen Anruf – Josephs Zustand hatte sich verschlechtert und er brauchte eine Herzoperation. »Er wollte sich nicht operieren lassen. Ich habe mich darauf vorbereitet, meinen Dad zu verlieren«, sagte sie in einem Interview mit einem amerikanischen Radiosender. *Speechless* war die Bitte an ihren Vater, die Hilfe in An-

Lady Gaga, gefolgt von ihrem Vater Joseph Germanotta, dem widerwilligen Patienten.

spruch zu nehmen, die ihm das Leben retten würde. Die Lyrics handeln davon, dass der Widerwille ihres Vaters, bis zum Ende zu kämpfen, sie fassungslos machte.

Lady Gaga unterbrach ihre Tour und kehrte nach New York zurück, um bei ihren Eltern zu sein und sie nicht nur zu

unterstützen, sondern ihrem Vater die Augen zu öffnen. »Ich habe gesagt, dass es nicht nur um sein Herz gehe, sondern um unser aller Herzen. ›Wenn du gehst, werde ich aufhören, Musik zu machen. Mom wird kaputtgehen. Das betrifft uns alle. Du musst es tun.‹«

Joseph, den sie in *Speechless* mit folgenden Worten beschreibt: »James Dean glossy eyes ... tight jeans ... long hair ... and cigarette stained lies«, willigte schließlich seiner Familie zuliebe in die OP ein. Lady Gaga nutzte ihren neuerworbenen Reichtum und bezahlte die Operation aus ihrer Tasche. Ihre Freude teilte sie via Twitter mit ihren Fans: »Mein Daddy wurde heute am offenen Herzen operiert. Nach langem Warten und vielen Tränen haben sie sein kaputtes Herz geheilt und auch meins. Ich bin sprachlos.«

Da sich ihr Vater auf dem Weg der Besserung befand, konnte Lady Gaga wieder an die Arbeit gehen – gerade rechtzeitig zur

LADY GAGA gehört zu den Entertainment-Ikonen dieses Jahrhunderts. Sie kombiniert die Anziehungskraft von Madonna und Michael Jackson mit dem Glam-Rock-Zartgefühl von David Bowie und Freddie Mercury. Sie produziert Songs und Videos, die eine ganze Generation begeistern.

Ihre zukunftsweisenden Outfits, Bühnenrequisiten und Frisuren halten sie in den Schlagzeilen – besonders berühmt-berüchtigt ist das Fleischkleid, das sie 2010 bei den MTV Video Music Awards trug.

Stefani Germanotta verkündet ihre Botschaft laut und voller Stolz in Videos und über die sozialen Netzwerke und setzt sich dabei für Außenseiter ein. Wie es aussieht, wird sie das Showbusiness wohl noch eine Weile aufmischen.

Veröffentlichung von *The Fame Monster* im November 2009. Später sprach sie darüber, wie die Situation sie gequält hat: »Das war der größte Albtraum meines Lebens. Mein Vater ist mein Ein und Alles. Ich bin Papas Mädchen.«

Lady Gaga hat viele Tattoos und das auf ihrer Schulter bedeutet ihr besonders viel – das Wort »Dad« in einem Herzen. Es erinnert sie an den Mann, den sie fast verloren hätte.

Stuck In A Moment You Can't Get Out Of

U2

Man stelle sich die Provence in Frankreich vor, die Côte d'Azur. Das Mittelmeer glitzert in der Sonne. Die Sänger von zwei der erfolgreichsten Bands der Welt, Bono von U2 und Michael Hutchence von INXS, besitzen in dieser Gegend Villen. Wenn sie dort sind, verbringen sie Zeit miteinander. Worüber reden zwei reiche, berühmte Rockstars inmitten dieser Idylle? Bono sagt: »Wir haben ein paar Mal über Selbstmord gesprochen und darüber, wie erbärmlich das ist.« Der irische Rockstar war also sehr überrascht, als er die Neuigkeiten erfuhr.

Dank seines guten Aussehens war Hutchence nicht nur für seine Musik, sondern auch für ein paar Aufsehen erregende Affären bekannt, unter anderem mit Kylie Minogue, dem dänischen Model Helena Christensen und Bob Geldorfs Exfrau, der Moderatorin und Journalistin Paula Yates. Nachdem er 1992 einen Schädelbruch hatte, litt er hin und wieder unter Depressionen. Der Sorgerechtsstreit um die Kinder von Geldorf und Yates sowie die Abwesenheit seiner eigenen Tochter Tiger Lily lasteten schwer auf ihm. INXS waren gerade auf der

---

Michael Hutchence 1988 mit seiner Band INXS auf Tour in Großbritannien. Ein anstrengender Zeitplan, Depressionen und Gerichtsverfahren waren am Ende zu viel für ihn.

letzten Etappe einer Welttournee, als er am 22. November 1997 in einem Hotelzimmer in Sydney tot aufgefunden wurde. Er hatte Selbstmord begangen, indem er sich erhängte.

U2 waren gerade auf Tour in Amerika, flogen von einem Konzert zum nächsten, als Bono die Nachricht vom Tod seines Freundes erreichte. Zuerst wusste er nicht, wie er reagieren sollte. »Wenn es sich um einen Freund handelt, denkt man immer, dass man etwas hätte tun können.«

Schließlich reagierte Bono, indem er einen Song schrieb, dessen Titel sich auf einen Kommentar bezog, den er in einem Interview mit dem australischen Fernsehen gemacht hatte. Auf die Frage, ob er wütend auf Hutchence sei, antwortete er, dass er es nicht sei, weil sein Freund in einem Augenblick feststeckte, aus dem er sich nicht befreien konnte.

U2 ist eine der wenigen Bands, die seit ihrer Gründung aus den gleichen Mitgliedern bestehen. Die 1977 in Dublin gegründete Gruppe wurde zu einer der größten Rockbands der Welt. Mit dem hymnenhaften *New Year's Day* hatten sie 1983 ihren ersten Hit und das dazugehörige Album *War* wurde auf beiden Seiten des Atlantiks zum Erfolg. Die Karriere von U2 kam mit *The Unforgettable Fire* (1984) und *The Joshua Tree* (1987) richtig in Schwung. Letzteres Album verkaufte sich weltweit 25 Millionen Mal. In den Neunzigern experimentierte die Band ein wenig und auf *Achtung Baby* waren elektronische Einflüsse zu hören. *Zooropa* war noch ambitionierter. Der mit einem Grammy ausgezeichnete Song *Stuck In A Moment* war die zweite Single von ihrem zehnten Studioalbum, *All That You Can't Leave Behind* (2000).

Der irische Sänger erklärte: »Es geht um einen Streit zwischen Freunden. Man versucht, den anderen wachzurütteln. In meinem Fall geht es um einen Streit, den wir nicht geführt haben, als er noch am Leben war. Ich habe das Gefühl, dass ich ihm am besten Respekt zollen konnte, indem ich ihm keinen blöden, schnulzigen Song geschrieben habe, sondern eine richtig harte, gemeine Nummer, die ich ihm vor den Kopf knallen konnte. Es tut mir leid, aber so kam es aus mir heraus.«

U2 haben Michael Hutchence bei ihren Konzerten oft Respekt gezollt, indem sie die Halle mit INXS-Songs beschallten und ihm *Stuck In A Moment* widmeten. 1999 sang Bono seinen Part zu *Slide Away* ein, einem Duett mit Hutchence, das auf der posthum erschienenen Solo-LP des Sängers veröffentlicht wurde.

Bono gab später zu, dass ihn Schulgefühle plagten. »Ich hatte das Gefühl, dass ich Michael im Stich gelassen habe, weil ich zu viel mit mir zu tun hatte und ihn nicht so oft angerufen habe, wie ich es gern getan hätte.«

Tears In Heaven

ERIC CLAPTON

Zwei seiner einprägsamsten Songs hat Eric Clapton über das Vatersein geschrieben, obwohl das eine Rolle ist, die ihm schwerfiel. Er war neun Jahre mit Pattie Boyd (*Layla*, *Wonderful Tonight*) verheiratet, als er eine Beziehung mit dem italienischen Model Loredana »Lory« del Santo einging. Zu diesem Zeitpunkt hatte Clapton seine Heroinsucht bezwungen, nicht mehr zu trinken bereitete ihm aber genau wie Boyd mehr Schwierigkeiten. Das Paar hatte erfolglos versucht, mithilfe von künstlicher Befruchtung Kinder zu bekommen. Das gilt als einer der Gründe, warum die Ehe letzten Endes zerbrach.

Als del Santo Eric sagte, das sie ein Baby wolle, war Clapton damit einverstanden. Die Monate bis zur Geburt waren nicht einfach, da sie zwischen Mailand und London hin und her reiste. Im August 1986 kam Conor schließlich auf die Welt.

Clapton, der immer noch mit Pattie Boyd verheiratet war, schmiedete den aberwitzigen Plan, dass er, Lory, Conor und Pattie zusammen in seinem Haus in Surrey leben könnten. Pattie Boyd machte allerdings kurzen Prozess und reichte die Scheidung ein. Keine der beiden Frauen wusste zu diesem Zeitpunkt, dass Clapton bereits Vater war. Aus einer einjährigen

---

Eric Clapton 1989 mit seinem Sohn Conor. Seine Partnerin Lory del Santo behauptet, dass Clapton mit dem Krach und der Unordnung, die ein Kind mit sich bringt, nicht umgehen konnte.

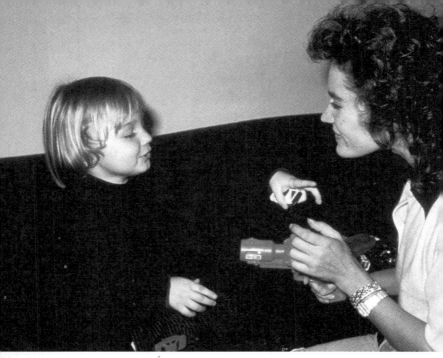

Lory del Santo mit Conor. Nach seinem Tod warf sie all seine Kleider weg, weil die Erinnerung zu schmerzhaft war. Aus dem gleichen Grund hat sie sich niemals Claptons Song angehört.

Affäre mit Yvonne Kelly war im Januar 1985 eine Tochter namens Ruth hervorgegangen. Eric zahlte Unterhalt, hatte es aber geschafft, das Geheimnis bis zum Tod seines Sohnes 1991 vor seiner Frau zu bewahren.

Nachdem Pattie aus- und Lory eingezogen war, hoffte del Santo, nun ein normales Familienleben führen zu können. Sie baute darauf, dass Eric einige Aspekte seines Rock'n'Roll-Lifestyles hinter sich lassen würde. Gegenüber Lisa Seward von der *Daily Mail* sagte sie: »Aber dann zeigte sich, dass er mit unserem Baby nicht umgehen konnte und auch nicht mit dem Gedanken, dass die Bedürfnisse des Babys an erster Stelle stehen. Zunächst einmal war die Stille, nach der er sich sehnte, nicht mehr vorhanden. Und als Conor älter wurde, konnte Eric nicht mit dem Chaos umgehen, das ein Kind nun mal verbreitet. Die Anwesenheit eines Babys in einem Leben, das zuvor so geordnet und einfach gewesen war, störte ihn.«

Sie fuhr fort: »Er hat nie mit Conor gespielt. Er hat ihn einfach angesehen, als würden sie Welten trennen. Drei Jahre nach Conors Geburt konnte ich nicht länger warten. Ich wollte noch ein Kind und er war so unsicher. Wir mussten getrennte Wege gehen und trafen uns nur, damit er Conor von Zeit zu Zeit sehen konnte. Das Tragische ist, dass der Tag, an dem er erkannte, was Conor ihm bedeutete, der Tag war, bevor unser Sohn starb.«

Nachdem sich del Santo und Clapton schließlich getrennt hatten, wohnte Lory bei einem Freund in der 57th Street in New York. Am Tag vor Conors Tod hatte Eric sie besucht und war mit seinem vierjährigen Sohn in den Zirkus auf Long Island gegangen. »Als Eric zurückkam, sah er mich an und sagte: ›Jetzt verstehe ich, was es heißt, ein Kind zu haben und Vater zu sein.‹ Er war so glücklich.«

Am darauffolgenden Tag wollte Eric mit Conor in den Central Park Zoo gehen, als der Hausmeister die Fenster der Wohnung im 53. Stock putzte. Er hatte ein großes Fenster in einem der Räume geöffnet. Conor rannte herein, weil er mit seiner Nanny Verstecken spielte. Als der Hausmeister versuchte, der Nanny zu erklären, was er da machte, rannte Conor zum offenen Fenster und fiel raus.

Die Beisetzung von Conor fand in der Kirche St Mary Magdelene in Ripley in Surrey statt, wo Clapton wohnte. Viele prominente Freunde, unter anderem Phil Collins, George Harrison und auch Pattie Boyd, nahmen daran teil. Claptons öffentliche Form der Trauerarbeit war sein Song *Tears In Heaven*.

Tears In Heaven

2004 hatte er das Gefühl, seine Trauer bewältigt zu haben, und hörte auf, den Song zu spielen.

Del Santo ertrug es nicht, ihn sich anzuhören: »Ich hatte jahrelang Albträume, in denen ich meinen Sohn um Hilfe rufen hörte und zu ihm rannte, um ihn zu retten. Eric betet und ist sehr introvertiert. Bis heute haben wir kein Wort darüber gesprochen, was passiert ist. Wir haben nicht einmal Conors Namen erwähnt. Wir brauchen das nicht, denn es gibt keine Worte dafür – wir wissen es einfach beide. Er hat den Song *Tears In Heaven* über das, was passiert ist, geschrieben. Das war seine Art, mit der Trauer umzugehen, aber ich habe mir dieses Lied nie angehört und das will ich auch nie.« In Amsterdam hat sie einmal gehört, wie der Song im Radio angesagt wurde, und musste nach draußen rennen, um ihm zu entgehen. Sie sagt, dass sie nach Conors Tod all seine Kleidung und sein Spielzeug weggeworfen hat, weil es sie zu sehr quälte, sie zu Hause zu sehen.

ERIC CLAPTON hat Musikgeschichte geschrieben, egal mit wem er gespielt hat. Er wurde als Solokünstler in die Rock and Roll Hall of Fame aufgenommen und auch als Mitglied der Bands Yardbirds und Cream – er ist der einzige Künstler, der diesen Hattrick geschafft hat. Die Entstehung von *Tears In Heaven* fiel mit einer Phase in seinem Leben zusammen, in der er sich bewusst von seiner Vergangenheit als »Gitarrenheld« zurückzog. Im August 1990 kamen sein Manager und zwei seiner Roadies (zusammen mit dem Musiker Stevie Ray Vaughan) bei einem Helikopterunfall ums Leben, während sie auf Tour waren. Er nahm ein *MTV Unplugged* auf und entdeckte 1994 auf dem Album *From The Cradle* seine Blueswurzeln wieder. Eric Clapton ahmte seine Helden nach, indem er das ganze Album live ohne Overdubs aufnahm. In einem Interview sagte er: »Ich habe Musik unterbewusst als Heilmittel benutzt, und siehe da, es hat funktioniert ... Musik macht mich sehr glücklich und heilt mich.«

Lory del Santo hat nach dieser schmerzlichen Zeit wieder geheiratet und die Söhne Devin und Loren bekommen. Sie sagt, dass sie versuche, nicht zu sehr nach Conors Geist in den beiden zu suchen, obwohl Loren Conor sehr ähnlich sieht.

Eric Clapton hat auch wieder geheiratet und mit seiner Frau Melia drei Töchter bekommen, Julie Rose (geboren im Juni 2001), Ella Mae (geboren im Januar 2003) und Sophie Belle (geboren im Februar 2005).

The Killing Of Georgie (Part I & II)

ROD STEWART

Im Jahr 1976 verwandelte sich Rod Stewart gerade vom Bad-Boy-Rocker in einen internationalen Superstar. Die schwedische Schauspielerin Britt Ekland war die erste von mehreren prominenten Frauen, mit denen er zusammen war. Sie steuerte ein paar gehauchte Zeilen für seine Single *Tonight's The Night* bei, einem Song über das Verlieren der Jungfräulichkeit. Die Lyrics wurden von einigen amerikanischen Radiostationen als zu sexuell explizit angesehen, sodass sie den Song nicht spielten. Als nachfolgende Single entschied sich Rod für eine weitere Ballade, die noch mehr Potenzial für Kontroversen hatte. *The Killing Of Georgie (Part I & II)* basiert wie einige von Rods Songs auf einer wahren Begebenheit, in diesem Fall auf dem Mord an einem schwulen Freund.

Die Identität von Georgie blieb bis 1996 Spekulation, als Stewart enthüllte: »Es ist eine wahre Geschichte über einen schwulen Freund der Faces. Er stand besonders mir und Mac [Ian McLagan, Keyboarder der Faces] nahe. Er wurde erschossen oder erstochen, ich weiß es nicht mehr. Den Song habe ich ganz allein auf einem offenen E-Akkord geschrieben.«

In der ersten Strophe ist die Rede von »changing ways« und »so-called liberated days«, bevor die Hauptfigur eingeführt und wie folgt beschrieben wird: »Georgie boy was gay I

In dem Song heißt es: »An ambulance screamed to a halt on Fifty-third and Third / Georgie's life ended there.«

guess / nothin' more or nothin' less / the kindest guy I ever knew.« Georgie entfloh der Engstirnigkeit der Kleinstadt und seines eigenen Vaters – »how can my son not be straight?« – und ging nach New York, wo er zum Liebling der Theaterszene wurde.

Der tödliche Angriff ereignete sich, als er nach einem Auftritt Hand in Hand mit seinem Freund nach Hause ging. Es ist jedoch nicht klar, ob der Übergriff dadurch motiviert war. Stewart singt von einer Gang aus New Jersey, die nur ein Ziel hatte und ihr Opfer mit einem am Bürgersteig aufgeschlagenen Kopf zurückließ. Über die Auswirkung, die der Song auf seine Karriere hatte, sagt Rod Stewart: »Ich denke, die Veröffentlichung des Songs war ein mutiger Schritt, aber kein Risiko. Man kann so einen Song nicht schreiben, wenn man es nicht selbst erlebt hat. Dieses Thema hat vorher niemand behandelt.« Zyniker weisen vielleicht darauf hin, dass eine kleine Kontroverse hilfreich ist, wenn man Platten verkaufen will. Die Reaktionen der homosexuellen und heterosexuellen Hörer waren gemischt.

Durch *The Killing Of Georgie* kam das unwahrscheinliche Gerücht in Umlauf, dass Stewart selbst homosexuell sei. Auf die Frage, warum er diesen Song geschrieben hat, antwortet er: »Wahrscheinlich, weil ich damals von Schwulen umgeben war.

Ich hatte einen schwulen PR-Mann, einen schwulen Manager. Alle um mich herum waren schwul.« Sogar sein bester Freund Elton.

Das Lied ist sechseinhalb Minuten lang und besteht aus zwei Teilen – Teil eins erzählt die Geschichte, Teil zwei ist ein Klagelied für Georgie. Die Radiomacher, die sich wegen der Länge des Songs Sorgen machten, konnten ihn dadurch leicht schneiden, falls sie ihn überhaupt spielten.

Während der Aufnahmen zu seinem nächsten Album, *Foot Loose And Fancy Free* (1977), nahm Stewart ein Sequel auf. In *Innocent (The Killing Of Georgie, Part III)* geht es um die Gangmitglieder, denen der Mord an Georgie zur Last gelegt wurde. Dieser Song wurde nicht publiziert, bis er 2009 in dem Boxset *The Rod Stewart Sessions 1971–1998*, einer Sammlung von unveröffentlichtem Material, herauskam.

ROD STEWART, ein ehemaliger Totengräber, Fußballspieler und Straßenmusiker, veröffentlicht seit Mitte der Sechziger Alben. Der Durchbruch gelang ihm 1971 mit der Single *Maggie May* und mit seinem dritten Soloalbum *Every Picture Tells A Story* – er erreichte auf beiden Seiten des Atlantiks die Spitze der Single- und der Albumcharts. Außerdem war Stewart Sänger der Faces, einer Band, die für ihren Rock'n'Roll-Lifestyle berühmt-berüchtigt war. Als sich die Faces 1975 trennten, zog Stewart nach Amerika. *The Killing Of Georgie* war für ihn eine weitere Top-10-Single und erreichte in Großbritannien Platz zwei. Im neuen Jahrtausend konzentriert er sich vor allem auf die Neuinterpretation von amerikanischen Popklassikern. Er hat bereits fünf Teile des *The Great American Songbook* herausgebracht.

The Last Time I Saw Richard

JONI MITCHELL

Mit der Veröffentlichung ihres Albums *Blue* (1971) zeigte Joni Mitchell, dass ihr Songwriting an Reife gewonnen hatte. Es war entstanden, nachdem sie sich ein Jahr lang von den Strapazen der Studioarbeit und des Tourlebens erholt hatte. Sie hatte sich zurückgezogen, um zu malen und zu reisen. Diese Entscheidung hatte Joni den Raum und die Zeit gegeben, nachzudenken und sich weiterzuentwickeln. Das Ergebnis war ein Album, das von vielen als die beste Sammlung introspektiver, ehrlicher Song aller Zeiten angesehen wurde.

Chuck und Joni Mitchell. Das Duo gab es nicht lange, aber sie behielt den Namen.

Viele Tracks beschäftigen sich mit emotionalen Phasen ihres Lebens, mit denen sie sich auseinandersetzen und unter die sie einen Schlussstrich ziehen wollte. *My Old Man* schrieb sie nach dem schmerzhaften Ende ihrer Affäre mit Graham Nash. *Little Green* ist ein quälend ehrliches Lied über die Tochter, die sie 1965 zur Adoption freigab. Der letzte Track des Albums, *The Last Time I Saw Richard*, blickt auf das Scheitern ihrer ersten Ehe zurück.

Musikalische Differenzen und die Tatsache, dass sie die Tochter weggegeben hatten, bedeuteten das Ende ihrer Beziehung.

Joni, die damals noch Joan Anderson hieß, wurde 1964 von Brad MacMath, einem Exfreund von der Kunsthochschule in Calgary, schwanger. Trotzdem zog sie nach Toronto um, um Folkmusik zu machen, und lernte dort den Sänger Chuck Mitchell kennen. Chuck ist der Richard aus dem Song. Die beiden freundeten sich zunächst an, und als Joni im Februar 1965 ihre Tochter Kelly auf die Welt brachte, nahm Chuck Mutter und Kind bei sich auf.

Joni konnte nicht allein für das Kind sorgen und wollte ihren Eltern nicht von der unehelichen Tochter erzählen. Stattdessen gingen sie und Chuck ein paar Wochen nach der Geburt eine Vernunftehe ein. Sie fingen auch an, unter dem Namen Chuck and Joni Mitchell als Duo aufzutreten. Als sich das Kind und die Musikkarriere nicht mehr vereinbaren ließen, wurde Kelly zur Adoption freigegeben.

Im Sommer 1965 zog das Paar nach Detroit, um dort Konzerte zu geben. Die Ehe, die wegen eines Kindes entstanden war, das sie nicht mehr hatten, ging langsam in die Brüche. Außerdem hatten die beiden ein unterschiedliches Verständnis vom Folk. Jonis ehrlicher, gefühlvoller Stil stand im Widerspruch zu Chucks intellektuellerem Repertoire. Er sang traditionelle Balladen und Brecht-Lieder. »Ich war absolut antiintellektuell«, gibt Joni zu. »Chuck sagte immer, dass man nicht schreiben könne, ohne zu lesen. Mich hielt er für ungebildet und er ermutigte mich auch nicht besonders.«

1967 endete die berufliche und persönliche Beziehung des Paars, das sich allerdings noch hin und wieder in der Stadt sah, bis Joni ein Jahr später nach New York zog. In dem Song

JONI MITCHELL brachte mit *Blue* ihr ehrlichstes Album heraus. »Es gibt kaum eine unehrliche Stelle in den Texten«, sagte sie 1979. Und sie fügte hinzu: »Zu diesem Zeitpunkt in meinem Leben war ich schutzlos ... Ich hatte das Gefühl, keine Geheimnisse vor der Welt zu haben, und ich konnte nicht so tun, als sei ich stark. Oder glücklich.« *The Last Time I Saw Richard* hat sie bei Konzerten manchmal als Medley mit Dylans *Mr. Tambourine Man* gespielt. Außerdem gibt es eine Aufnahme von einem Duett mit ihrem damaligen Freund James Taylor.

erinnert sie sich an Chucks Sticheleien gegen ihre romantische Ader und daran, wie sie zeitweilig in einem schlecht beleuchteten Café saß und grübelte.

Only a dark cocoon before I get my gorgeous wings and fly away
Only a phase these dark café days

Joni behielt Chucks Familiennamen, ignorierte aber seinen Rat und schrieb die Songs, die sie zur Stimme einer Generation machten.

Jonis Tochter Kelly machte sich in den Neunzigern auf die Suche nach ihrer leiblichen Mutter und 1997 waren sie und Joni schließlich wieder vereint. Chuck Mitchell tritt noch immer auf, seine Setliste besteht nach wie vor aus traditionellen irischen und schottischen Folksongs sowie aus Liedern von Flanders and Swann sowie Brecht und Weill.

The Man With The Child In His Eyes

KATE BUSH

Am bekanntesten ist der Fernseh- und Radiomoderator Steve Blacknell vielleicht für das Interview, das er mit Phil Collins an Bord einer Concorde zwischen den beiden Auftritten des singenden Schlagzeugers bei den Live-Aid-Konzerten 1985 führte. Obwohl er eine beachtliche Karriere in den Medien machte, verriet er erst 2010, dass er die Inspiration für Kate Bushs Song *The Man With The Child In His Eyes* war.

Bush hatte im Alter von zehn Jahren angefangen, Klavier zu spielen. In der Musik ging sie völlig auf und mit 16 hatte sie bereits zweihundert Songs geschrieben – etwas, das sie Jungs lieber verschwieg. »Das hätte nur für Ärger gesorgt. Sie hätten gedacht, dass ich schlauer bin als sie oder irgend so was Dummes. Es war eine Bedrohung ihrer Männlichkeit.«

Blacknell lernte Kate Mitte der Siebziger kennen, als er in einer psychiatrischen Klinik in der Nähe ihres Heimatortes als Reinigungskraft arbeitete.

»Sie war im Frühling 1975 meine erste große Liebe«, erinnert er sich. Da er sechs Jahre älter war als das Mädchen, fühlte er sich von ihrem Talent nicht bedroht. Er stellte ihr die Musik der Incredible String Band und der Progressive-Rock-Gruppe Camel vor. Sie hatten beide ähnliche Träume. »Sie wollte von Herzen ein internationaler Star werden und

Kate Bush

Ein Foto aus der Zeit, bevor Steve Blacknell Karriere in den Medien machte und Kate Bush Platinalben herausbrachte. Die Sängerin hat es geschafft, ihr Privatleben weitestgehend vor den Blicken der Öffentlichkeit zu schützen.

ich ein bekannter DJ. Eines Tages würde ich sie bei *Top of the Pops* ansagen.«

He's very understanding
And he's so aware of all my situations

Dennoch stellte sich Bush beschützend vor ihr Werk und Blacknell beschloss zu warten, bis der richtige Moment gekommen war, um ihre Musik zu hören. »Im Sommer 1975 erhielt ich endlich eine Chance und einen Job als Marketing-Assistent bei Decca Records. Ich dachte, dass ich nun bereit sei, ihre Lieder zu hören. Diesen Tag werde ich nie vergessen. Ich bin zu ihr gegangen und sie hat mich in das Zimmer geführt, in dem das Piano stand. Ich dachte: Oh mein Gott. Ich bekam von dem, was ich hörte, eine Gänsehaut. Mir wurde klar, dass ich in ein Genie verliebt war.«

Blacknell beschloss, über ihre Beziehung zu reden, als er die handgeschriebenen Lyrics zu *The Man With The Child In His Eyes* – ein Geschenk von Kate – verkaufen wollte. Das Manuskript wurde auf einer Webseite versteigert, die auf Rock'n'Roll-Erinnerungsstücke spezialisiert ist. Er erklärte: »Aus irgendeinem Grund habe ich in all den Jahren nicht darüber gesprochen. Sicher könnte ich Geschichten erzählen, aber Kate war und ist eine Privatperson und das respektiere ich.« Er fügte hinzu: »Mir wurde von Menschen aus ihrer Umgebung bestätigt, dass ich tatsächlich ›The Man With The Child In His Eyes‹ bin. Und ich weiß, dass mir jemand ganz Besonderes diese Bezeichnung verpasst hat.«

Kate Bush hat nie öffentlich darüber gesprochen, wer der Mann in dem Song ist, aber sie hat von der musikalischen Entstehung geredet. »Die Inspiration für *The Man With The Child In His Eyes* war eine bestimmte Sache, die passiert ist, als ich zum Piano gegangen bin. Das Piano hat einfach zu mir gesprochen.« Zum Inhalt des Songs sagt sie: »Es geht um eine Theorie, die ich schon eine Weile hatte. Ich habe bei den meisten Männern, die ich kenne, beobachtet, dass sie im Inneren noch kleine Jungs sind, und wie wunderbar es ist, dass sie diese Magie bewahren können.«

Sie erklärte auch einmal: »Es ist wirklich schön, wenn man auch als Erwachsener die Eigenschaft, sich an Dingen zu erfreuen, bewahren kann. Das wollte ich ausdrücken. Dass ein Mann mit einem kleinen Mädchen kommunizieren könnte, weil er auf der gleichen Stufe steht.«

Der Text handelt auch von der Anziehungskraft zwischen älteren Männern und jüngeren Frauen. »Ich persönlich fühle mich von älteren Männern angezogen und ich denke, das geht

---

Kate Bush im Alter von 19 Jahren im Juni 1978. Ihre Debütsingle »Wuthering Heights« stand einen Monat auf Platz eins der britischen Charts.

allen Frauen so. Ich glaube, es ist ganz natürlich, dass man für den Rest seines Lebens immer nach seinem Vater sucht. So wie Männer in den Frauen, die sie kennenlernen, nach ihrer Mutter suchen. Ich denke nicht, dass uns das allen bewusst ist, aber ich glaube, dass es stimmt. Man sucht nach der Sicherheit, die einem das Elternteil des anderen Geschlechts in der Kindheit gegeben hat.«

Kate wurde mit 16 von dem Pink-Floyd-Gitarristen David Gilmour entdeckt, der sie EMI Records vorstellte. Die Plattenfirma förderte ihr Talent, bis sie für den Durchbruch bereit war. Mit 19 war sie, wie Blacknell es vorhergesagt hatte, zu Gast bei *Top of the Pops*. Er erklärt, wie ihr Erfolg im Grunde ihre Beziehung beendet hat. »Als es für sie bergauf ging, ging es mit unserer Beziehung bergab und wir lebten uns auseinander.«

The Man With The Child In His Eyes war einer der ersten Songs, die sie für ihr Debütalbum aufnahm. Sie gibt zu, dass sie Angst davor gehabt hat, bei den Aufnahmesessions mit einem ganzen Orchester zusammenzuarbeiten. Sie setzte sich gegen ihr Label durch und bestand darauf, dass der Song die Nachfolgesingle von *Wuthering Heights* wurde und nicht *Them Heavy People*, wie EMI es wollte. Dieser Song wurde der Lead-Track der EP *On Stage*, auf der Livemitschnitte von Bushs Tour von 1979 zu finden sind – diese Tournee sollte übrigens ihre einzige bleiben. Lampenfieber und die körperlichen Anforderungen einer eineinhalbstündigen Show, bei der man sich mehrmals umziehen muss, steckten zum Teil hinter ihrer Entscheidung, diese Erfahrung nicht zu wiederholen. Ein weiterer Faktor war der Tod des Beleuchters Bill Duffield, für den Bush den Song *Blow Away (For Bill)*, der 1980 auf dem Album *Never For Ever* erschien, geschrieben hat. Am Abend der Warm-up-Show ihrer

Kate Bush

einzigen Tour in Poole fiel der 21-jährige Duffield von einem Gerüst fünf Meter in die Tiefe, als er das Licht ein letztes Mal überprüfen wollte.

Steve Blacknell stieg vom Marketingassistenten zum Plugger und schließlich zum A&R-Manager auf und brachte die Karrieren von A Flock of Seagulls und Frankie Goes To Hollywood in Schwung. Danach ging er zum Fernsehen und wurde zum Stammgast in der BBC-Sendung *Breakfast Time*. Vor Live Aid war er VJ bei MTV. In Großbritannien moderierte er die beliebte Show *Pirate Radio Four* auf BBC Radio 4. Ende der Achtziger versuchte er sich in Hollywood als Moderator und auch als Schauspieler. Heute ist Blacknell ein auf die Musikbranche spezialisierter Medienberater. Als Bulimie-Betroffener versucht er, unter Männern ein Bewusstsein für die Krankheit zu schaffen.

KATE BUSH ließ sich bei ihrer umwerfenden Debütsingle *Wuthering Heights* von 1978 eher von dem Film als von Emily Brontës Roman inspirieren. Der Song war die erste Nummer eins in Großbritannien, die von einer Künstlerin selbst geschrieben wurde, und Kate war damals gerade einmal 19 Jahre alt. Genau wie *The Man With The Child In His Eyes* stammte er von dem Platinalbum *The Kick Inside*. Neun Monate später brachte sie ihr zweites Album, *Lionheart*, heraus. Mit *Never For Ever* wurde sie die erste Sängerin an der Spitze der britischen Albumcharts. *The Dreaming* (1982) war kommerziell weniger erfolgreich und kam auch bei den Kritikern nicht so gut an, aber Kate Bush kehrte 1985 mit dem gefeierten *Hounds Of Love* zurück. Die zeitlichen Abstände zwischen ihren Alben wurden größer – ihr nächstes Album, *The Sensual World*, erschien 1989. Zwischen *The Red Shoes* von 1993 und ihrem Comebackalbum *Aerial* von 2005 legte sie eine Pause ein, um sich um ihren Sohn zu kümmern. 2011 überraschte sie Fans und Kritiker mit der Veröffentlichung von zwei Alben: *Director's Cut*, die Neubearbeitung von älterem Material, und *50 Words For Snow*.

Thorn In My Side

EURYTHMICS

Im März 1984 heiratete Annie Lennox, die Sängerin der Eurythmics, Radha Raman, einen deutschen Hare-Krishna-Anhänger. Das Paar kannte sich erst seit ein paar Wochen, als es den Bund der Ehe einging. Die Beziehung hielt kaum ein Jahr und im Februar 1985 trennten sich Lennox und Raman wieder. Die Sängerin sagt, dass der Song *Thorn In My Side* nach der Trennung von ihrem Exmann entstand.

A bundle of lies
You know that's all that it was worth

Vor Raman war die Schottin mit ihrem Eurythmics-Partner Dave Stewart zusammen. Die beiden hatten sich 1976 kennengelernt, als Lennox in einem Restaurant kellnerte, das Stewart besuchte. Annie erinnert sich: »Das Erste, was Dave sagte, war: ›Willst du mich heiraten?‹ Ich hielt ihn für einen großen Spinner. Aber seit diesem Abend waren wir unzertrennlich.«

Das Paar gründete bald darauf eine Band, The Catch, aus der dann The Tourists wurden. Nach geringem Erfolg trennten sich die Tourists wieder und das Electropop-Duo Eurythmics entstand 1980. Stewart und Lennox waren nicht mehr zusammen, aber ihre musikalische Partnerschaft erblühte. Stewart meint: »Die meisten Paare werden berühmt und trennen sich dann. Aber wir haben uns getrennt und sind dann berühmt geworden.«

Dave Stewart und Annie Lennox bei einem Auftritt während der »Revenge«-Tour.

Thorn In My Side

Die Trennung von Stewart warf einen Schatten über Lennox. »Ich war danach jahrelang unglücklich. Ich habe immer nach einer guten Beziehung gesucht und man erkennt in den Songs all die unerwiderte Liebe. Es herrschte ein Chaos der Gefühle in mir. Ich hatte nie wirklich Spaß. Ich hätte sesshaft werden sollen. Die Eurythmics waren die tragende Säule meiner Existenz und doch war sie hohl. Die Ironie besteht darin, dass ich zwar einsam, unglücklich und unzufrieden war, dass das aber eine tolle Quelle für Songs ist.«

I should have known better
But I got what I deserved

Die EURYTHMICS, die sich nach einer griechischen Tanzkunst benannten, hatten nicht sofort Erfolg und ihr erstes Album, *In The Garden*, hinterließ keinen bleibenden Eindruck. Der Titeltrack ihres zweiten Albums, *Sweet Dreams (Are Made Of This)*, erklomm 1983 die Spitze der US-Charts. Auch die Alben *Touch* und *Be Yourself Tonight* waren international erfolgreich. Mit *Thorn In My Side*, der zweiten Single von ihrem Album *Revenge*, hatten sie 1986 einen weiteren Top-5-Hit in Großbritannien.

Die Zusammenarbeit von Lennox und Stewart endete 1990. Beide konzentrierten sich danach auf ihre Solokarrieren. 1999 fanden sie für kurze Zeit wieder zusammen, um noch ein weiteres Eurythmics-Album aufzunehmen – *Peace*.

»Zum Teil habe ich mich Hals über Kopf in die Ehe gestürzt, weil ich mich danach gesehnt habe, meinem Leben eine Form zu geben. Ich dachte, dass ich so eine Ehe von der Stange kaufen könnte … Dave war gegen die Hochzeit und er hatte recht. Aber das war meine Botschaft an ihn. ›Du kannst mir nicht mehr vorschreiben, was ich mit meinem Leben mache.‹ Ich musste zu ihm sagen: ›Ich bin nicht dein kleines Mädchen. Lass mich diesen Fehler machen.‹« Stewart erinnert sich: »Annie nutzte ihre Wut und war unglaublich konzentriert, wenn sie ihren Mund öffnete und ihre bissigen Texte sang … Sie war eiskalt und doch voller Leidenschaft.«

Nach seinem kurzen Auftritt im Rampenlicht als Ehemann von Annie Lennox kehrte Radha Raman zu seinem anonymen Leben als Krishna-Anhänger zurück. Von 1988 bis 2000 war Lennox mit dem israelischen Film- und Plattenproduzenten Uri Fruchtmann verheiratet, mit dem sie zwei Töchter hat.

Underneath It All

NO DOUBT

Underneath It All ist ein Liebeslied. Es entspricht nicht unbedingt der traditionellen Definition einer Ballade, aber No Doubt ist auch keine konventionelle Band. Die kalifornische Combo hat großen Erfolg mit ihrem vom Ska beeinflussten Alternative-Poprock. Ihre Vorliebe für Musik aus aller Welt bedeutet auch, dass keine zwei Alben gleich klingen. Aus dieser Neigung zu Experimenten heraus entstand einer ihrer größten Hits.

Die No-Doubt-Frontfrau Gwen Stefani war immer die Lichtgestalt der Band, und als diese sich eine Auszeit nahm, startete sie eine erfolgreiche Solokarriere. Außerdem waren sie und Gavin Rossdale, Sänger der britischen Rockband Bush, zu Anfang des neuen Jahrtausends eines der populärsten Promipaare überhaupt.

Die beiden lernten sich 1995 kennen, als No Doubt, deren Single *Just A Girl* gerade die Charts eroberte, im Vorprogramm von Bush spielten. Die Goo Goo Dolls waren ebenfalls Teil des Vorprogramms und wurden die Lieblingsband des Pärchens. Obwohl sie acht Zeitzonen voneinander entfernt wohnten, ließen sie sich auf eine Beziehung ein, die so unkonventionell war wie alles, was sie in ihren musikalischen Laufbahnen gemacht haben.

Rossdale wollte nicht so schnell zusammenziehen. »Es ist so«, gab Stefani 2001 in einem Interview zu, »wir leben immer noch nicht richtig zusammen. Er wohnt dort [London] und ich

Gwen Stefani von No Doubt und Gavin Rossdale von der britischen Rockband Bush führen eine der längsten Beziehungen im Musikgeschäft.

lebe hier [Los Angeles]. Jetzt ist er für drei Monate hier, weil er ein Album aufnimmt. Das ist perfekt, weil wir zum ersten Mal richtig viel Zeit miteinander verbringen können. Und wir sind schon fünfeinhalb Jahre zusammen.« Die unbeständige Beziehung des Paares führte sogar dazu, dass sich Stefanie ihre Haare nach einem Streit, nach dem sie »eine Stunde getrennt waren«, pink färbte. Sie behielt die Farbe ein Jahr lang.

Mit der Zeit wurde ihre Beziehung konventioneller und schließlich heirateten sie und bekamen zwei Kinder. Durch

Rossdales bewegte Vergangenheit war es jedoch ein schwieriger Weg bis dahin. Ihre Beziehung zu dem Bush-Frontmann hatte Gwen bereits dazu inspiriert, *New* als einen der ersten Songs nach der Veröffentlichung des No-Doubt-Hitalbums *Tragic Kingdom* zu schreiben.

Aber *Underneath It All* fasst die beständige Freundschaft des Paares am besten zusammen. Stefani und das ehemalige Eurythmics-Mitglied Dave Stewart schrieben den Song in London, wo Gwen gerade ihren Freund besuchte, mithilfe von Streicher-Samples innerhalb von nur zehn Minuten. Der Refrain des Tracks war aus einem Tagebucheintrag entstanden, nachdem Stefanie einen Tag mit ihrem Freund verbracht hatte. »Am Tag, bevor wir dorthin gefahren sind, war ich mit Gavin im Park. Ich habe Tagebuch geschrieben«, erzählte sie dem *Rolling Stone*. »Wir waren so verliebt und ich schrieb den Satz: ›You're lovely underneath it all.‹ Im Sinne von: Nach all dem Mist, den wir durchgemacht haben, bist du ein wirklich guter Mensch. Ich denke, dass ich dich mag.«

Der Song befindet sich auf dem fünften Album von No Doubt, *Rock Steady*, und zeigt starke jamaikanische Einflüsse, da die LP in diesem Land aufgenommen wurde. Ein Gastauftritt der Dancehall-Legende Lady Saw – ein Vorschlag der Produzenten Sly Dunbar und Robbie Shakespeare – verstärkte diesen Eindruck noch.

Die Single *Underneath It All* stieg in den USA bei ihrer Veröffentlichung im August 2002 bis auf Platz drei der Charts. Der Song wurde mit einem Grammy ausgezeichnet und in dem Film *50 erste Dates* (2004) verwendet.

Im September 2002 heirateten Gwen und Gavin in der St Paul's Church in Covent Garden in London. Zwei Wochen später fand in Los Angeles eine zweite Zeremonie statt – Stefani zufolge, damit sie ihr Hochzeitskleid von John Galliano zweimal anziehen konnte. Danach zogen sie sich in ihr Privatleben an der Westküste zurück.

Das Paar heiratete in London und Los Angeles, sodass Gwen ihr Hochzeitskleid von John Galliano zweimal tragen konnte. Hier sind sie bei der »Vanity Fair«-Party nach der Oscarverleihung 2005.

Zur gleichen Zeit trennte Rossdale sich von Bush. Er hatte schon einige Jahre versucht, sich als Schauspieler ein zweites Standbein aufzubauen – sein Schauspieldebüt gab er 2001 in dem Film *Zoolander*. 2008 hatte er mit *Love Remains The Same* seine erste Hitsingle als Solokünstler.

Als das Paar zwei Jahre verheiratet war, wurde die Beziehung durch einen Vaterschaftstest erschüttert, der bewies, dass Rossdale der Vater des britischen Models Daisy Lowe ist. Ende der Achtziger hatte er eine Affäre mit deren Mutter Pearl gehabt. Berichten zufolge war Gwen wegen der Neuigkeiten am Boden zerstört, obwohl die Beziehung, aus der Daisy hervorging, bereits über ein halbes Jahrzehnt zurückgelegen hatte, als sie Gavin kennenlernte.

Underneath It All

Gwen verriet in einem Interview mit dem *Rolling Stone* 2002, dass sie wie Millionen andere Paare auch immer noch Ängste und Beklemmungen durchlebten, was ihre Beziehung anging. »Es ist egal, wer man ist – wenn ich in dem gleichen McDonald's arbeiten würde wie Gavin, gäbe es auch Vertrauensprobleme. Flirtet er mit dem Mädchen bei den Pommes?« Gwen und Gavin arbeiteten hinter verschlossenen Türen an ihren Problemen. 2006 schien wieder alles in Ordnung zu sein und das Paar bekam seinen ersten Sohn, Kingston. Der zweite Sohn, Zuma, wurde 2008 geboren.

Die Krise um Rossdales Vaterschaft hatte das Paar anscheinend gemeistert – er brach den Kontakt zu Lowes ab und pflegt jetzt eine respektable Freundschaft mit seiner Tochter.

NO DOUBT hatten ihre größten Erfolge mit Hitsingles wie *Just A Girl* (1995) und *Don't Speak* (1996), das auf beiden Seiten des Atlantiks ein Nummer-eins-Hit war. Beide Songs stammen von ihrem dritten Album, *Tragic Kingdom*. Den Erfolg verdankt die Band zu großen Teilen der kalifornischen Sängerin und Songwriterin Gwen Stefani. Es war nur eine Frage der Zeit, bis Stefani eine Solokarriere starten würde. Sie arbeitete mit Dance- und HipHop-Produzenten wie Dr. Dre und den beliebten Neptunes zusammen und der Plan ging auf. Ihr Debüt von 2004, *Love. Angel. Music. Baby.*, verkaufte sich gleich besser als alle No-Doubt-Alben. Die Single *Hollaback Girl* stieg in den USA auf Platz eins der Charts. Gwen Stefani ist immer noch als Solokünstlerin und als Mitglied von No Doubt aktiv.

Doch 2010 wurden die Medien wieder auf das Paar aufmerksam, als Gavin schließlich zugab, in den Achtzigern im Alter von 17 Jahren eine Affäre mit dem Popsänger Marilyn gehabt zu haben. Bis dahin hatte Gavin nie über die Affäre gesprochen, da Bush im Scheinwerferlicht der Öffentlichkeit stand und versuchte, eine Karriere in den USA zu starten. »Es gehört zum Erwachsenwerden dazu. Das ist alles, nicht mehr und nicht weniger«, sagte er.

Aber Gwen und Gavin waren unverwundbar. Die Sängerin erzählte der *Elle*, wie stolz sie war, dass sie und ihr Mann es geschafft haben. »Ich bin seit 14 Jahren mit Gavin zusammen, und wenn wir ehrlich sind, ist das eine große Leistung. Ich bin so stolz darauf – es war nicht immer einfach.« Promipärchen, die im Fokus der Öffentlichkeit stehen, können von Gerüchten und Geschichten in Klatschzeitungen auseinandergerissen werden. Die Beziehung der beiden ist allerdings stärker und sie scheinen wie füreinander gemacht zu sein.

Walk On The Wild Side

LOU REED

Anfang der Siebziger war Lou Reed ein sehr einflussreicher Musiker, allerdings ohne kommerziellen Erfolg. Steve Harley, Mott the Hopple (die *Sweet Jane* coverten), Jonathan Richman und besonders David Bowie hatten sich stark von ihm beeinflussen lassen. Natürlich war das für das Plattenlabel RCA von geringem Wert – dort wollte man verständlicherweise Lou Reeds Platten verkaufen. Also brachte man ihn mit Bowie und dessen Gitarristen Mick Ronson zusammen, steckte das Trio in die Trident Studios in London und wartete gespannt auf die Ergebnisse. Aber vom Erfolg der LP *Transformer*, die im November 1972 veröffentlicht wurde, müssen sogar die Mitarbeiter der Plattenfirma beeindruckt gewesen sein. Das Album stieg in den USA bis auf Platz 29 der Charts und in dem vom Glamrock besessenen Großbritannien auf Platz 13. Besonderen Anteil daran hatte die Single *Walk On The Wild Side*.

Reed hatte schon über ein Jahr an *Walk On The Wild Side* gearbeitet, bevor er den Song aufnahm. Man hatte ihn gebeten, Musik für die Bühnenshow zu Nelson Algrens Roman *A Walk On The Wild Side* von 1956 zu schreiben. Das Stück wurde nie aufgeführt, aber Reed schrieb den ursprünglichen Text um und so entstand der Song, für den er wahrscheinlich am bekanntesten ist.

Gerard Malanga und Candy Darling mit ihrem Mentor und Freund Andy Warhol.

Die Tatsache, dass das Lied überhaupt im Radio gespielt wurde, ist im Nachhinein wirklich erstaunlich. Bei der konservativen BBC verstand man wohl Phrasen wie »giving head« (dt.: einen blasen) nicht, und als Tony Blackburn, DJ bei Radio 1, die Single zur »Platte der Woche« erklärte, wurde ihr Aufstieg bis auf Platz zehn der Charts nicht von der Zensur behindert. In den USA ergriff RCA die Vorsichtsmaßnahme, den Radiostationen eine zensierte Version des Songs zukommen zu lassen – die Phrase »and the colored girls say« wurde darin zum Beispiel durch »and the girls all say« ersetzt. Abhängig von der Gegend wurde der Song in den USA als ein wenig politisch unkorrekt eingestuft, aber die DJs tendierten dazu, trotzdem die unzensierte Fassung zu spielen.

Anders als Reeds erfolgloses Solodebüt beinhaltete sein neues Album fast ausschließlich neues Material aus der Zeit nach Velvet Underground. *Wild Side* erzählt eine Geschichte über Menschen, die alle aus der Szene um Andy Warhols Factory stammten. »Little Joe« steht für Joe Dallesandro, der in mehreren Filmen von Warhol mitgespielt hat.

Walk On The Wild Side

Holly Woodlawn kam aus Miami, Florida, um in Andy Warhols Film »Trash« mitzuspielen. Die transsexuelle Schauspielerin hat ihren Namen von der Hauptfigur aus »Frühstück bei Tiffany«.

»Sugar Plum Fairy« ist der Spitzname des Schauspielers Joe Campbell, während »Holly«, »Candy« und »Jackie« auf Holly Woodlawn, Candy Darling und Jackie Curtis basieren – Dragqueens, die in Warhols Film *Women in Revolt* (1971) mitspielten. Reed singt in einem nüchternen Ton von den Neigungen seiner Protagonisten: Candy war im Hinterzimmer Everybody's Darling (»in the backroom she was everybody's darling«), Holly rasierte sich die Beine und aus ihm wurde eine Sie (»shaved her legs and then he was a she«) und Jackie hielt sich für James Dean (»thought she was James Dean«). Er bezieht sich auch auf Speed und Valium – Drogenanspielungen, die den Zensoren entgangen sind.

Der Sänger fürchtete sich vor den Reaktionen der betreffenden Personen. »Ich dachte, sie würden mir alle die Augen auskratzen, wenn ich wieder in New York wäre«,

Im Song heißt es über Jackie Curtis: »Jackie is just speeding away / Thought she was James Dean for a day«. Reed bezog sich allerdings nicht auf einen Porsche.

Joe Dallesandros in Jeans gekleideter Unterleib ziert das Cover des Rolling-Stones-Albums »Sticky Fingers«.

gab Reed später zu. »Stattdessen erzählte mir Candy Darling, dass er alle Songs auswendig gelernt hatte und ein Album mit dem Titel *Candy Darling Sings Lou Reed* veröffentlichen wollte. Das würde sich aber sicher nicht mehr als hundertmal verkaufen!«

Es war nicht das erste Mal, dass Reed Darling in einem Song erwähnt hatte. *Candy Says* eröffnete das dritte Album von Velvet Underground, erregte aber nicht so viel Aufmerksamkeit wie *Wild Side*. (Gerüchten zufolge war Darling auch die Inspiration für *Lola* von den Kinks.)

Die Hookline von *Wild Side*, die von Anfang an zu hören ist, beinhaltet eine Bassline, die der Sessionmusiker Herbie Flowers auf einem Kontrabass und einem E-Bass gespielt hat. Flowers äußerte sich bescheiden zu dem Anteil, den er an dem Album hatte. Dem Journalisten Phil Sutcliffe von *Mojo* erzählte er einmal: »Man macht seinen Job und haut dann ab. Man bekommt zwölf Pfund und kann keinen Mist bauen. Wäre es nicht schrecklich, wenn mir jemand auf der Straße zu *Transformer* gratulieren würde?« Er bekam für seine Arbeit sogar 17 Pfund, weil er zwei Instrumente auf demselben Track spielte. Angeblich war das seine Motivation, dieses Arrangement vorzuschlagen.

Das Saxofonsolo hat nicht David Bowie gespielt, wie viele glauben, sondern der Jazzmusiker Ronnie Ross, der Bowie unterrichtete, als dieser zwölf war. Bowie buchte Ross für die Session, sagte ihm aber nicht, dass er auch anwesend sein würde. Nachdem Ross nur einen Versuch brauchte, um das Solo einzuspielen, überraschte Bowie seinen ehemaligen Saxofonlehrer.

Mick Ronson beschreibt seine Teamarbeit mit Bowie als »ziemlich heftig« und das zeigte sich auch in der Geschwindigkeit, in der das Projekt beendet wurde. »Damals hat man Platten sehr schnell aufgenommen. Als David und ich Lou Reeds *Transformer* produziert haben, haben wir das ganze Ding in  zehn Tagen aufgenommen, sechs Stunden am Tag. Wir haben das Ganze in nur sechzig Stunden aufgenommen und dann wurde es gemixt und das war es dann.«

Reed gab zu, dass er selten verstand, was Ronson sagte. »Er kam aus Hull und hatte einen breiten Akzent. Er musste sich fünfmal wiederholen! Aber er war ein echt netter Kerl und ein toller Gitarrist.«

Ein öffentlicher Streit beendete die Zusammenarbeit zwischen Bowie und Reed, Jahre später versöhnten sie sich jedoch wieder. Der Song büßte allerdings nichts von seine Beliebtheit ein. Bono von U2 sang 1985 bei Live Aid einen Teil der Lyrics in veränderter Form.

LOU REED brachte nach *Transformer* das Album *Berlin* heraus, das von zwei verliebten Junkies handelt – das war alles andere als Glamrock. Danach ging er mit einer Heavy-Metal-Band auf Welttournee und verwarf die Ansprüche, die er mit Velvet Underground hatte, bevor er *Metal Machine Music* veröffentlichte, ein Doppelalbum, auf dem Gitarrenfeedbacks zu hören sind.

Seit Ende der Neunziger ist Reed mit der Musikerin und Performance-Künstlerin Laurie Anderson zusammen, die er 2008 heiratete. 2011 verblüffte er seine Fans mit der Ankündigung eines gemeinsamen Albums mit der Heavy-Metal-Supergroup Metallica.

We Three

PATTI SMITH

We Three fängt einen Augenblick im Sommer 1970 ein, als drei zukünftige Größen der New Yorker Kunstszene im Chelsea Hotel zusammenlebten und sich liebten. Patti Smith, Robert Mapplethorpe und Jim Carroll wurden durch Zufall Freunde, entwickelten sich aber Seite an Seite als Künstler weiter. Die drei trieben einander so erfolgreich zu neuen kreativen Höhepunkten, dass sie am Ende des Jahrzehnts alle Größen in ihren künstlerischen Bereichen waren.

Patti, die ihre Kindheit in Armut in New Jersey verbracht hatte, ließ sich in den Sechzigern zur Lehrerin ausbilden. Nach einer ungewollten Schwangerschaft (ihre Tochter wurde zur Adoption freigegeben) kam sie 1967 nach New York. Dort lernte sie den charismatischen jungen Grafiker Robert Mapplethorpe kennen. Gemeinsam bezogen sie eine Wohnung in Brooklyn und begannen eine intensive Affäre. »Wir haben für den anderen eine bestimmte Funktion erfüllt«, sagt Smith. »Wir sind aufgewacht und wussten, dass wir nicht mehr allein waren.«

1969 brach Mapplethorpe seine Ausbildung an der Kunsthochschule ab und das Paar zog ins Chelsea Hotel, eine Künstlerkommune, die von den Größen der Gegenkultur frequentiert wurde. Mark Twain hat dort gewohnt, Dylan

---

Jim Carroll war ein Junkie und Poet,
der sich seinen Lebensunterhalt als Stricher verdiente.

Patti Smith

Thomas ist dort gestorben. Arthur C. Clarke schrieb dort die Kurzgeschichte, auf die der Film *2001: Odyssee im Weltraum* basiert. Und Nancy Spungen, die Freundin von Sid Vicious von den Sex Pistols, wurde dort 1978 erstochen aufgefunden.

Patti und Robert passten gut in die Kommune hinein. Sie schrieb Gedichte, er fertigte Collagen an. Mapplethorpe war sexuell verunsichert und erkannte 1970, dass er schwul war. Smith ging daraufhin eine Beziehung mit ihrem gemeinsamen Freund Jim Carroll ein – einem Junkie und Poeten, der sich (genau wie Mapplethorpe) als Stricher seinen Lebensunterhalt verdiente. Die drei führten in kreativer und sexueller Hinsicht eine Dreiecksbeziehung. Sie unterstützten sich gegenseitig und ermutigten sich, Grenzen zu überschreiten.

Oh, can't you see that time is the key
That will unlock the destiny of we three?

Auf Mapplethorpes Drängen hin trat Smith zum ersten Mal bei den von Carroll veranstalteten Dichterlesungen öffentlich auf. Später ermutigte Patti Jim, seine Gedichte und Rockmusik zu kombinieren, so wie sie es seit 1974 mit dem Gitarristen Lenny Kaye tat. 1978 gab Jim sein musikalisches Debüt im Vorprogramm der Patti Smith Group. Patti zufolge war auch sie es, die Mapplethorpe Mitte der Siebziger dazu drängte, sich als Fotograf zu versuchen – dafür ist er heute am bekanntesten.

Robert Mapplethorpe starb 1989 an den Folgen einer HIV-Infektion. Seine homoerotischen, sadomasochistischen Fotografien haben ihn berühmt gemacht. Und seine Porträts von Patti Smith zieren viele ihrer Albumcover. Jim Carroll, der auf dem College ein Sportstar war, bevor die Drogen

Patti Smith ermutigte Robert Mapplethorpe, Fotograf zu werden.

und die Poesie sein Leben veränderten, veröffentlichte 1978 unter dem Titel *The Basketball Diaries* die Tagebücher, die er als Teenager geführt hatte. Carroll überlebte seinen, wie Smith es nannte, »etwas gefährlichen Lebensstil«, starb aber 2010 im Alter von sechzig Jahren nach einem Herzinfarkt.

Patti ist immer noch als Punkpoetin tätig und tritt mehr als vier Jahrzehnte nach der Phase in ihrem Leben, die sie zu diesem Song inspiriert hat, immer noch mit *We Three* auf.

PATTI SMITH schlug mit ihrer Platte *Horses* (1975), die von John Cale produziert wurde, hohe Wellen. *We Three* erschien auf ihrem dritten Album, *Easter* (1978). Das Album verdankt seinen Erfolg vor allem der Hitsingle *Because The Night*, einem unveröffentlichten Bruce-Springsteen-Song, den sie überarbeitete. Nachdem sie sich eine Auszeit genommen hatte, trat sie 1994 wieder live auf und produziert seitdem relativ erfolgreich weiterhin Musik.

William, It Was Really Nothing

THE SMITHS

William, It Was Really Nothing ist nur zwei Minuten und zehn Sekunden lang und wird von Johnny Marrs spanischem Gitarrenriff angetrieben, zu welchem Morrissey einen Text singt, der wie so viele seiner Texte von den Fans akribisch analysiert wurde. Wer genau war William?

Ein paar Monate vor der Veröffentlichung der Single im August 1984 hatte Morrissey etwas Zeit mit Billy Mackenzie verbracht, dem Sänger der schottischen Band Associates. Die Gerüchteküche brodelte und man munkelte, dass Mackenzie in den Frontmann der Smiths verknallt sei, dass die beiden sogar eine Affäre hätten. Morrissey, der sein Privatleben bekanntermaßen sehr schützt und über seine Sexualität schweigt, behauptete, enthaltsam zu leben und »nie großes Interesse an Sex gehabt« zu haben.

Morrissey beschreibt Mackenzies Besuch in seiner Londoner Wohnung: »Billy Mackenzie kennenzulernen war ziemlich unbeschreiblich. Er war ein Wirbelwind. Er kam einfach hereingesaust und schien sofort überall zu sein. Das war eine faszinierende Beobachtung, aber eine, die mich schwindlig machen würde, wenn es zu oft passieren sollte.«

Der Frontmann der Associates beging bei seinem Besuch jedoch einen Fauxpas. »Er stahl sich mit einem meiner

*Die Associates 1982:
Alan Rankine und Billy Mackenzie (stehend).*

James-Dean-Bücher davon, was eine ständige Angst von mir ist ... Billy treibt gern Unfug und ich denke, so will er auch gesehen werden.« Morrissey zufolge war die Begegnung am Ende eine Enttäuschung. »Wir haben stundenlang nach Gemeinsamkeiten gesucht, aber ich glaube, es gab einfach keine.«

Der Titel, *William, It Was Really Nothing*, ist die offensichtlichste Anspielung auf Mackenzie und drückt das Bedauern darüber aus, dass etwas nicht funktioniert hat. 1988 äußerte sich Mackenzie scherzhaft über seine Beziehung zu Morrissey: »Oh, Morrissey ist nicht enthaltsam. Ich glaube nicht, dass Morrissey weiß, was Enthaltsamkeit ist.«

Billy Mackenzies hohe, fast opernhafte Falsettstimme hatte einen hohen Wiedererkennungswert. Er und der Gitarrist Alan

THE SMITHS wurden 1982 in Manchester gegründet. *William, It Was Really Nothing* war ihre fünfte Single und ihr dritter Top-20-Hit in Großbritannien.

Sie waren eine der ersten Bands, die britischen Independentrock in den Mainstream brachten. Ihre Singles schafften regelmäßig den Sprung in die Charts. Das dritte Studioalbum der Band, *The Queen Is Dead*, taucht immer wieder in Listen mit den größten Alben aller Zeiten auf. Die erfolgreiche und sehr einflussreiche Karriere der Band endete 1987. Morrissey startete daraufhin eine ereignisreiche Solokarriere. Gerüchten zufolge handelt seine erste Solosingle, *Suedehead*, auch von Billy Mackenzie.

Rankine gründeten die Associates 1979. Nach zwei gefeierten Independentalben hatte die Band mit der Single *Party Fears Two* von ihrem Majorlabeldebüt *Sulk* (1982) einen Top-10-Hit in Großbritannien. Die Associates sahen einer erfolgreichen Zukunft entgegen, dennoch verließ Rankine die Band noch im gleichen Jahr.

Mackenzie und Rankine fanden 1993 wieder zusammen, aber die Demos, die sie aufnahmen, wurden erst im Jahre 2000 veröffentlicht. Ihre LP *Double Hipness* enthielt eine verspätete Antwort an Morrissey, den Song *Steven, You Were Really Something*. Allerdings wird Morrisseys selten benutzter Vorname »Stephen« und nicht »Steven« geschrieben und der Song stammte auch nicht aus der Feder von Mackenzie, sondern von Rankine.

Mackenzie litt an einer klinischen Depression und nahm sich mit einer Überdosis Schmerztabletten im Januar 1997 das Leben. Morrissey zollte ihm ehrlich Anerkennung: »Er war ein wunderbarer Mensch und ich bin sehr, sehr traurig.«

You Oughta Know

ALANIS MORISSETTE

Die kanadische Sängerin Alanis Morissette geriet mit ihrem dritten Album, *Jagged Little Pill*, und besonders mit dem zweiten Track, *You Oughta Know*, in die Schlagzeilen. In der ersten Strophe singt sie davon, wie sie ihrem Freund im Kino einen geblasen hat und er dann kurz darauf mit ihr Schluss machte. Nachdem sie ihren Exfreund stolz mit seiner neuen Flamme gesehen hat, stellt sie die beiden im Song in einem Restaurant zur Rede: »It was a slap in the face how quickly I was replaced / And are you thinking of me when you fuck her?«

Viele Kritiker warfen Morissette Effekthascherei vor, aber sie schwört, dass es wirklich passiert sei. »Ich habe es getan, das ist wahr«, sagt sie und zuckt mit den Achseln. »Ich war ein bisschen verunsichert, ob ich diesen Zwischenfall in einen Song packen sollte, aber ich finde nicht, dass man irgendetwas zensieren sollte, also habe ich mich davon inspirieren lassen. Ich musste es tun, das ganze Album stammt aus meinem Inneren. Alles läuft darauf hinaus, dass ich durchs Leben gehen und nicht durchs Leben geschleift werden möchte.« *You Oughta Know* ist ein bemerkenswert ehrlicher Song.

Der Song erreichte Platz sechs der Billboard-Charts und wurde Morissettes erster Top-10-Hit in den USA. Der Song rief in den Medien viele Spekulationen darüber hervor, wer ihn wohl inspiriert hatte. Man fragte sich, ob das Lied vielleicht von dem Schauspieler Matt LeBlanc handelte, der 1991 in dem

»You Oughta Know« könnte von David Coulier handeln. Oder von Matt LeBlanc.

Video zu Morissettes Single *Walk Away* mitgespielt hatte, oder von Leslie Howe, dem Produzenten von Morissettes ersten beiden Alben, oder gar von dem Eishockeyspieler Mike Peluso. Das Thema wurde auch in einer Folge der Serie *Lass es, Larry!* besprochen, in der Alanis einen Gastauftritt hatte. Weil den Song ein Geheimnis umgab, wurde er oft mit Carly Simons Song *You're So Vain* von 1972 verglichen.

Aber während Alanis genau wie Carly Simon zurückhaltend blieb, brachte sich der Schauspieler David Coulier, der den Joey Gladstone in der Sitcom *Full House* verkörperte, selbst ins Spiel.

»Die Alanis, die ich kenne, ist wirklich fröhlich, rücksichtsvoll und süß. Ich denke, auf *Jagged Little Pill* gibt es viele tiefgründige Aussagen und Dinge, die von der Interaktion mit vielen Leuten geprägt sind. Als wir zusammen waren, hat sie viele Songs geschrieben, und ich war ein gerade geschiedener, alleinerziehender Vater eines zweijährigen Sohnes.«

Über ihre Beziehung sagt er: »Sie lebte in Ottawa in Kanada und ich wohnte in Los Angeles. Das war eine schwere Zeit für mich und die Entfernung war für eine aufkeimende Beziehung enorm. Ich werde sie immer als großartigen Menschen in Erinnerung behalten. Was *You Oughta Know* angeht ... Ich lasse die Leute weiter an diesem urbanen Mythos spinnen.«

Die Songwriterin selbst hielt sich jedoch weiterhin bedeckt. In einem Interview, das sie ein Jahrzehnt nach Veröffentlichung des Songs gab, rechtfertigte Alanis ihr Schweigen: »Ich habe nie

Die 1974 geborene ALANIS MORISSETTE ist vor allem für ihr erstes internationales Album, *Jagged Little Pill* (1995), bekannt, das ihr vier Grammys einbrachte und sieben Hitsingles enthielt. Es war klar, dass so ein Blitzerfolg, wenn überhaupt, nur schwer zu wiederholen sein würde. Bis 2006 hatte sich Alanis Morissette in einen Fernsehstar verwandelt. Nach ihrem siebten Studioalbum, *Flavors Of Entanglement*, verließ sie Madonnas Label Maverick Records. Zwei Jahre später heiratete sie den Rapper Mario »MC Souleye« Treadway und im Dezember 2010 brachte sie ihr erstes Kind zur Welt.

darüber geredet, von wem meine Songs handeln, und das werde ich auch nicht, denn ich schreibe sie, um mich auszudrücken.«

You Oughta Know gewann 1996 zwei Grammys – in den Kategorien »Best Rock Song« und »Best Female Rock Vocal Performance«. Der Song wurde von Britney Spears bei einem Liveauftritt gecovert und Beyoncé sampelte ihn für den Song *If I Were A Boy* (2009) auf ihrer *I Am ...* -Tour. Alanis Morissette sang das Lied im Finale der neunten Staffel von *American Idol* im Duett mit der Finalistin Crystal Bowersox.

You're So Vain

CARLY SIMON

Seit seiner Veröffentlichung 1972 wird viel darüber spekuliert, an wen sich der Song *You're So Vain* eigentlich richtet. Mehrere Leute kommen infrage, unter anderem der Plattenmogul David Geffen.

Geffen war 1972 der Chef des Labels Asylum Records, das mit Simons Plattenfirma Elektra fusionierte. Die Sängerin soll gekränkt gewesen sein, weil Geffen der Karriere ihrer Konkurrentin und seiner guten Freundin Joni Mitchell so viel Aufmerksamkeit schenkte. Man munkelte, das Lied sei ein Angriff auf ihn. Die Beschreibung der extravaganten Figur trifft auf Geffen zu: »You walked into the party / Like you were walking onto a yacht«.

You're So Vain übt eine dauerhafte Faszination auf die Fans aus, besonders durch die scharfzüngige und detaillierte Beschreibung eines Mannes und den höhnischen Refrain: »You're so vain, you probably think this song is about you«. Simon hat zahllose Fragen nach ihrer Inspiration abgeblockt. Als die Single veröffentlicht wurde, war sie mit dem Singer-Songwriter James Taylor verheiratet und sagte: »Der Song handelt definitiv nicht von James. Ich kann nicht verraten, über wen er ist, denn das wäre nicht fair.« Vor ihrer Ehe hatte Simon ein paar Affären mit hochkarätigen Stars, unter anderem mit Mick Jagger, der bei dem Song im Background singt. Ihre Kommentare zu dem Gerücht, dass Jagger sie zu dem Song inspiriert hatte, schlossen ihn nicht unbedingt aus: »Viele Leute denken, dass es um Mick

Carly Simon

Hätte der ehemalige Plattenboss David Geffen (hier mit Cher) einen aprikosenfarbenen Schal getragen?

Jagger geht und dass ich ihn getäuscht habe, damit er mitsingt. Sie glauben, dass ich eine List angewendet hätte.«

Zu Carly Simons Exfreunden zählt auch der Filmstar Warren Beatty und 1983 sagte sie: »Es klingt auf jeden Fall so, als ginge es um Warren Beatty. Er dachte, dass der Song von ihm handeln würde – er hat mich angerufen und sich für den Song bedankt.« Außerdem hat sie behauptet, dass der Träger des berühmten aprikosenfarbenen Schals der Schauspieler Nick Nolte war, es im Rest des Liedes aber nicht um ihn gehe.

Warren Beatty mochte den Song und dachte wirklich, dass er von ihm handele.

David Geffen gab 1992 öffentlich bekannt, dass er schwul sei, als junger Mann aber Beziehungen zu Frauen hatte. In den Siebzigern hätte er fast Cher geheiratet und er hatte bei seiner ehemaligen Mitbewohnerin Joni Mitchell genug Eindruck hinterlassen, dass sie *Free Man In Paris* über ihn schrieb. Das  Gerücht, dass es in Simons Song um ihn gehe, flammte wieder auf, als das Lied 2009 neu aufgenommen wurde. Laut einer Theorie flüstert die Sängerin »David«, wenn man den Song rückwärts abspielt. Natürlich hat Simon das abgestritten.

Sie meint, dass es nicht in ihrem Interesse liege, das Rätsel zu lösen: »Ich könnte das nie verraten, denn wenn ich es täte, würde ich nicht mehr im Gespräch bleiben.«

CARLY SIMONS selbstbetiteltes Debüt-Soloalbum (1971) enthielt ihre erste Top-10-Single in den USA, *That's The Way I've Always Heard It Should Be*. Der Song *You're So Vain* vom Album *No Secrets* wurde zu ihrem berühmtesten Lied. Nach *Nobody Does It Better*, ihrem Titelsong für den James-Bond-Film *Der Spion, der mich liebte*, geriet Simons Karriere in den Achtzigern ins Stocken, als sie ihr Glück im Jazz suchte. Der Titeltrack ihres Albums *Coming Around Again* (1987) brachte sie wieder in die Charts. Auch das von Chic produzierte *Why* und Will Powers Hit *Kissing With Confidence* (1983), auf dem sie sang, waren Erfolge.

You've Got A Friend

CAROLE KING

Die Frage, ob es in *You've Got A Friend* um James Taylor geht, bleibt offen. »Der Song wurde nicht für James geschrieben«, behauptete Carole King bestimmt in einem Interview. »Es war einfach einer dieser Augenblicke, in denen ich mich ans Klavier setzte und der Song sich von ganz allein schrieb.«

Vielleicht hat sie es geleugnet, weil sie dachte, dass die Medien ihnen dann eine Affäre andichten würden. Schließlich war James Taylor, der mit einer Coverversion des Songs im Juli 1971 eine Woche lang auf Platz eins der amerikanischen Charts stand, ein glamouröser Star, der Affären mit anderen Stars der Westküsten-Szene hatte. Er war unter anderem mit Joni Mitchell zusammen gewesen und heiratete schließlich die Singer-Songwriterin Carly Simon.

Kings Beziehung zu Taylor war anders als die meisten, die sie über ein Jahrzehnt lang als Songwriterin zu anderen Künstlern unterhielt. Während sie eine Expertin darin war, Hits für andere zu schreiben, entwickelte Taylor sein eigenes Material und war völlig unabhängig. Diesem Beispiel wollte sie folgen und das tat sie mit ihrem Album *Tapestry* (1971), das mehrfach Platin erhielt. Sie nahm diese Platte gerade zusammen mit dem Produzenten Lou Adler auf, als Taylor in New York mit seinem Produzenten Peter Asher nur ein paar Blocks weiter im Studio arbeitete.

Warum hat Taylor ausgerechnet Kings Song aufgenommen, obwohl er so viele eigene hatte? Man weiß es nicht genau, aber da sie gerade *It's Too Late / I Feel The Earth Move* als erste Single und Doppel-A-Seite herausbrachte – und damit einen Nummereins-Hit landete –, sah er wahrscheinlich das Potenzial, das in dem übersehenen Song steckte. Ironischerweise war *You've Got A Friend* Taylors einzige Nummer eins, aber zusammen mit einer Coverstory der Zeitschrift *Time* 1971 gab er seiner Karriere den Aufschwung, nach dem er sich gesehnt hatte.

Carole und James hatten sich über Danny »Kootch« Kortchmar kennengelernt, ein Freund von Taylor aus Kindertagen, der mit ihm in seiner ersten Band Flying Machine gespielt hatte und später kurze Zeit mit King in der Band City war. Im Frühjahr 1971 trat King auf den 27 Konzerten seiner US-

James Taylor im Tourbus. »You've Got A Friend« stammt zwar aus der Feder von Carole King, aber viele dachten, Taylor hätte den Song geschrieben.

Tour im Vorprogramm von Taylor auf. Zuvor hatte Carole die Musik zu den Texten ihres Mannes Gerry Goffin geschrieben, aber 1968 brachte sie ihre Scheidung dazu, selbst den Stift in die Hand zu nehmen. Das Genre der Singer-Songwriter erlaubt es den Künstlern, ihre innersten Gedanken ohne Scheu preiszugeben. Das lief jedoch Caroles Wesen zuwider. »Ich möchte nicht, dass die Leute interpretieren, was ich schreibe«, sagte sie 1970. »Das blockiert mich.«

Allerdings verkündete sie auch: »Ich will keine Platten herausbringen und ich will kein Star sein.« Fünf Monate später war *Tapestry* auf dem besten Weg, 15 Millionen Mal verkauft zu werden. Es ist das Vorrecht einer Frau, ihre Meinung zu ändern. Dieses Bedürfnis nach Privatsphäre, vielleicht mit Rücksicht auf ihre Töchter Louise und Sherry, erklärt möglicherweise, warum sie die Inspiration für ihren Song nicht preisgeben wollte.

Als der Track für *Tapestry* aufgenommen wurde, spielte Taylor darauf Akustikgitarre, wie es ein guter Freund tun würde.

Insgesamt übernahm er bei fünf Songs die Gitarre und er sang zusammen mit Joni Mitchell im Background von *You've Got A Friend*. Taylors Version erschien auf seinem Album *Mud Slide Slim And The Blue Horizon* und wurde im April 1971 als Single veröffentlicht. Sie wurde ein Riesenhit und kletterte bis auf Platz eins der US-Charts und Platz vier in Großbritannien.

Taylor veränderte den Text ein wenig. Er ersetzte »some love and care« (dt.: Liebe und Pflege) durch das männlichere »a helping hand« (dt.: eine helfende Hand), während »knocking at your door« aus rhythmischen Gründen zu »knocking upon your door« wurde.

1972 wurde eine Unterhaltung zwischen Carole King und Lou Adler, dem Boss von Ode Records, aufgenommen, in der die Sängerin erklärte: »Als ich gesehen habe, wie James den Song gehört hat ... und seine Reaktion darauf. Durch ihn

Carole King

»Ich möchte nicht, dass die Leute das, was ich schreibe, interpretieren«, sagte King über ihre Texte. Darf Taylor sie dennoch im Winter, Frühling, Sommer oder Herbst anrufen?

wurde der Song etwas Besonderes für mich. In dieser Hinsicht hat er eine große Bedeutung ...«

Sie erzählte weiter: »Sein Album *Sweet Baby James* wurde, glaube ich, einen Monat vor *Tapestry* aufgenommen. Vielleicht auch gleichzeitig. Teile wurden gleichzeitig aufgenommen. Es war, als würde *Sweet Baby James* mit *Tapestry* zusammenfließen. In meinem Kopf war es ein zusammenhängendes Album. Wir saßen einfach alle beisammen und machten Musik. Einige Songs waren seine, einige meine.«

Typisch für Kings Songwriting ist, dass sie in einer Molltonart beginnt, dann eine fröhlichere Durtonart benutzt und schließlich zu der Molltonart zurückkehrt – das tat sie auch bei *You've Got A Friend*. Ihre Herangehensweise variierte. Manchmal schrieb sie zuerst den Text, manchmal zuerst die Musik oder sie arbeitete an einem Beat und vervollständigte beides später. Für *Tapestry* und das Nachfolgewerk *Music* schrieb sie auch einige Tracks zusammen mit der Texterin Toni Stern.

James Taylor und Carole King traten im Troubadour auf dem Santa Monica Boulevard in Hollywood zum ersten Mal gemeinsam auf, als er gerade sein Debütalbum beim Label der Beatles, Apple, veröffentlicht hatte und King ihre Solokarriere in Angriff nahm. 1971 kehrten sie für zwei Wochen in den Club zurück. Taylor stand zu der Zeit an der Spitze der Charts und Kings *Tapestry* mauserte sich zum Singer-Songwriter-Hit. 36 Jahre später, im November 2007, trat des Duo mit Mitgliedern ihrer Band Section (unter anderem mit ihrem gemeinsamen Freund Danny Kortchmar an der Gitarre) für sechs Konzerte im Troubadour auf, um den fünfzigsten Geburtstag des Clubs zu feiern. Diese historischen Auftritte werden auf der DVD *Live at the Troubadour* dokumentiert.

In den Liner Notes sagt King (damals 65 Jahre alt): »Es ist bemerkenswert, dass die musikalische Verbindung und Freundschaft zwischen James und mir Zeit und Raum überwindet. Ich bin dankbar, dass ich diese Erfahrung mit James, mit dieser tollen Band und vor allem mit den Fans teilen kann.«

CAROLE KING arbeitete im legendären New Yorker Brill Building und schrieb anfangs zusammen mit ihrem Ehemann Gerry Goffin Songs für andere Künstler. Zu diesen Songs zählt auch der Nummer-eins-Hit *Will You Love Me Tomorrow* (1961) von The Shirelles. Carole King war Anfang der Siebziger zusammen mit James Taylor Teil des Singer-Songwriter-Booms und ihr Album *Tapestry* (1971) avancierte zu einem Klassiker des Genres. 1974 erreichte sie zum zweiten Mal Platz eins der amerikanischen Albumcharts und zwar mit *Wrap Around Joy*, das sie zusammen mit David Palmer komponiert hatte. »Ich schreibe gern mit Partnern zusammen. Das Material erhält dadurch eine andere Dynamik«, erklärt sie.

Zebulon

RUFUS WAINWRIGHT

Es ist nie einfach für die Nachkommen von berühmten Künstlern, sich selbst einen Namen zu machen, aber Rufus Wainwright hat es geschafft, seine Eltern mühelos in den Schatten zu stellen. Der Sohn des mehrfachen Grammy-Gewinners Loudon Wainwright III. und der Sängerin Kate McGarrigle ist für seine Balladen, Musicallieder und seine eigene Oper bekannt.

Er hatte keine einfache Kindheit. Neben der Belastung, dass sein Vater *Rufus Is A Tit Man* über ihn geschrieben hatte, musste er mit einem gestörten Familienleben zurechtkommen. Als er drei war, trennten sich seine Eltern und Kate, Rufus und seine Schwester Martha zogen von New York zurück in McGarrigles Heimatstadt Montreal.

Auf der Grundschule in Montreal freundete Rufus sich mit Zebulon an. »Ich erinnere mich, dass er ein guter Skifahrer war.«

Mit 13 flirtete Rufus mit dem anderen Geschlecht und wusste zu diesem Zeitpunkt noch nicht, dass er schwul war. Bei einem internationalen Sommercamp in Lyme Regis, Dorset, in England fand er eine Freundin. »Eine sehr viktorianische Freundin. Wir haben lange Spaziergänge am Cobb gemacht [einem langen Hafen, der durch Meryl Streep in *Die Geliebte*

Rufus Wainwright fürchtet, nie zu erfahren, was aus Zebulon geworden ist.

240

des französischen Leutnants bekannt wurde] und auf einem Feld Apfelwein mit Zigeunern getrunken.«

Erst mit 14 beschloss er, eine andere Form der Sexualität auszuprobieren. Zu diesem Zeitpunkt war Zebulon allerdings nicht mehr Teil seines Leben, denn die beiden besuchten verschiedene Highschools.

All I need are your eyes
Your nose was always too big for your face
Still, it made you look kinda sexy

»Ich habe ihn nie wiedergesehen«, gab Wainwright 2008 zu, als er den Song, der die Form eines Briefes an Zebulon hat, zum ersten Mal vorstellte. Bei der Veröffentlichung des Liedes auf dem Album *All Days Are Nights: Songs For Lulu* gingen die Kritiker vor allem auf die schwermütige Stimmung und die Tatsache ein, dass Rufus ihn geschrieben hatte, als seine Mutter mit Brustkrebs im Krankenhaus lag. 2010 starb sie an dieser Krankheit.

Rufus gibt zu, dass das Songwriting ihm dabei half, mit der Situation fertig zu werden. »Ich habe immer Angst, das Schreiben als einen therapeutischen Prozess zu definieren, aber trotzdem war es eine Art des Entladens. Ich musste es wegen des Gesundheitszustandes meiner Mutter oder meiner beruflichen Irrungen und Wirrungen tun. Es war wie der Gang zur Beichte oder so etwas, zum Priester gehen – der einsame Spaziergang am Strand. Ich habe all die Dinge aufgesaugt, die um mich herum vor sich gingen.«

Aber in *Zebulon* geht es nicht um seine Mutter, sondern um Zebulon. »Es geht eigentlich ums Schmachten oder vielleicht darum, in Erinnerungen an die Vergangenheit, an die verlorenen Teenagerjahre zu schwelgen. Je länger sie her sind, desto schöner erscheinen sie. Es geht darum, die Vergangenheit ein bisschen zu sehr zu lieben.«

Zebulon beschreibt eine Zeit, an die sich Rufus gern erinnert, und einen Jungen, der ihm auffiel. »Ich bin neugierig, wie er jetzt aussieht«, gab der Sänger zu, als er den Song zum ersten Mal live spielte. »Also habe ich diesen Song geschrieben. Vielleicht kommt er ja aus der Versenkung.«

RUFUS WAINWRIGHT wurde 1973 in Rhinebeck als Sohn von Loudon Wainwright III. und der kanadischen Sängerin Kate McGarrigle geboren. In den Liedern seines Vaters gibt es viele Anspielungen auf ihn, unter anderem in *Rufus Is A Tit Man*. Da er so musikalische Eltern hat, ist es keine Überraschung, dass er auch Musiker wurde. Sein selbstbetiteltes Debütalbum erschien im Mai 1998. Elton John war davon schwer beeindruckt und nannte Rufus den »großartigsten Songwriter der Welt«. Als Teenager outete Wainwright sich und seine Hommage an die Schwulenikone Judy Garland, *Rufus Does Judy At Carnegie Hall*, wurde für einen Grammy nominiert. Gleichzeitig mit dem Album erschien eine DVD, auf der sein Auftritt im London Palladium 2007 zu sehen ist. Er schreibt inzwischen auch Opern – seine erste, *Prima Donna*, feierte 2009 Premiere – und hat wie sein Vater seine Spuren auf der großen Leinwand hinterlassen, vor allem in Martin Scorseses *Aviator* (2004).

SCHWARZKOPF & SCHWARZKOPF

DAS MÄDCHEN AUS DEM SONG

ANGIE, LOLA, RITA, SUZANNE UND MAGGIE MAY –
UND WELCHE GESCHICHTE SICH DAHINTER VERBIRGT

DAS MÄDCHEN AUS DEM SONG
ANGIE, LOLA, RITA, SUZANNE UND MAGGIE MAY –
UND WELCHE GESCHICHTE SICH DAHINTER VERBIRGT
Von Michael Heatley
208 Seiten, etwa 100 Abbildungen
12,5 x 19,7 cm, Hardcover mit Schutzumschlag
ISBN 978-3-89602-579-1 | 14,95 €

»Die Musikgeschichte ist voll von Songs für große Lieben, schlimme Exfrauen und unerreichbare Traummädchen. Michael Heatley hat den wahren Geschichten hinter diesen Kompositionen dieses Buch gewidmet.«
Spiegel Online

»Für Songwriter gibt es keine größere Inspirationsquelle: die Frau, das Mädchen. Ob Angie, Layla oder Suzanne – das Mädchen ist Sehnsucht, Verheißung, Projektion. Der britische Musikjournalist Michael Heatley erzählt nun in dem Buch ›Das Mädchen aus dem Song‹, welche Geschichten den Liedern zugrunde liegen.«
titel thesen temperamente, ARD

»Die Lieder kennt man. Die Frauen, von denen sie handeln, nicht immer. Michael Heatley klärt auf.«
Rolling Stone

WWW.SCHWARZKOPF-SCHWARZKOPF.DE

SCHWARZKOPF & SCHWARZKOPF

THE BEATLES

EIGHT DAYS A WEEK
MIT DEN FAB FOUR AUF IHRER LETZTEN WELTTOURNEE

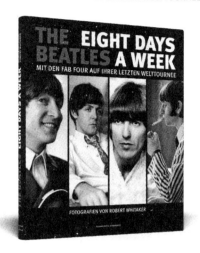

THE BEATLES – EIGHT DAYS A WEEK
MIT DEN FAB FOUR AUF IHRER LETZTEN WELTTOURNEE
Fotografien von Robert Whitaker
Limitiert, nummeriert und von Robert Whitaker handsigniert
156 Seiten, ca. 150 Abb. | Premium-Hardcover im Riesenformat
ISBN 978-3-89602-859-4 | Preis 49,95 €

»Niemand kam den Beatles auf ihrer letzten Welttournee so nah wie Robert Whitaker. Kreischende Teenager, hyperventilierende Fans – der englische Fotograf hat den Touralltag der Beatles eingefangen, und doch herrscht auf seinen Bildern eine ungeheure Ruhe.« *Süddeutsche Zeitung*

»Was bleibt, sind Whitakers Bilder, die still daherkommen: intime Einblicke dieser letzten Welttournee zwischen München und Alaska, Essen und den Philippinen, und geschossen von einem Fotografen, der den Griesel hochgezoomter Live-Aufnahmen gestellten Band-Präsentationen gerne vorzog.« *Neue Ruhr/Rhein Zeitung*

»Ein prachtvoller Bildband, der rund 150 teilweise unbekannte Fotos von Robert Whitaker zeigt.« *Märkische Oderzeitung*

WWW.SCHWARZKOPF-SCHWARZKOPF.DE

SCHWARZKOPF & SCHWARZKOPF

YOU BITCH! YOU BASTARD!

DIE GRÖSSTEN ROCK- UND POPSTARS ZIEHEN ÜBEREINANDER HER
DIE BESTEN ZITATE VOLLER SCHADENFREUDE UND MISSGUNST

YOU BITCH! YOU BASTARD!
DIE GRÖSSTEN ROCK- UND POPSTARS
ZIEHEN ÜBEREINANDER HER
Von Susan Black. Zeichnungen von Jana Moskito
200 Seiten, ca. 50 Abbildungen | Hardcover mit Schutzumschlag
ISBN 978-3-89602-815-0 | Preis 14,90 €

»›You Bitch! You Bastard!‹ ist eine hübsch illustrierte Sammlung der Gehässigkeiten, die Musiker untereinander austauschen.«
TV Spielfilm

»Es fliegen die Fetzen, wenn die größten Rock- und Popstars übereinander herziehen – das beweist der Prachtband mit den bissigsten Pöbeleien der Musikgeschichte, illustriert mit bitterbösen Karikaturen.« Heute

»Großes Ego, große Klappe: ›You Bitch! You Bastard!‹ zeigt die besten Lästersprüche der Stars.«
Gala

»Natürlich liest man es gern, wenn Rock- und Popstars übereinander herfallen. Und die Lehre daraus ist, dass selbst Topstars niedere Instinkte haben und über die gleichen Dinge herziehen wie Kollegen und Kolleginnen im Büro.« Der Spiegel

WWW.SCHWARZKOPF-SCHWARZKOPF.DE

SCHWARZKOPF & SCHWARZKOPF

THE RISE AND FALL OF MAXIMILIAN HECKER

EIN MUSIKER ZWISCHEN ZWEI WELTEN, ASIEN UND EUROPA
INTIM, FASZINIEREND UND KOMPROMISSLOS

**THE RISE AND FALL OF
MAXIMILIAN HECKER**
Von Maximilian Hecker
256 Seiten | Klappenbroschur
ISBN 978-3-86265-176-4 | Preis 12,95 €

»In dem autobiografischen Text beschreibt Hecker in sehr klarer Sprache und mit oft erfrischendem Humor einen Trip des persönlichen Scheiterns, eine taumelnde Suche nach sich selbst. Den Buchautor Hecker zeichnet eine fast schon halsbrecherische Ehrlichkeit aus.« TIP

»Sein Streben nach Perfektion, seine Sehnsucht nach Frieden und das Getriebensein als Künstler hat Maximlian Hecker in Worte gefasst. »The Rise And Fall Of Maximilian Hecker« ist ein ehrliches und ungeschöntes Dokument seines Lebens.« WDR west.art

»In seinem Buch wird die Geschichte eines Mannes erzählt, der nach Ruhe sucht, nach einem Zuhause, nach einer Frau – nach, wie Maximilian Hecker es nennt, Erlösung.«
Berliner Zeitung

WWW.SCHWARZKOPF-SCHWARZKOPF.DE

BILDNACHWEIS

© Alamy: S. 107 | © Anova Image Library: S. 15, 39, 81, 189, 192, 193, 103, 197 | © Au Hasard Balthazar: S. 126 | Courtesy of the record company: S. 16, 20, 26, 32, 36, 42, 46, 11, 52, 57, 62, 66, 72, 78, 82, 191, 89, 92, 95, 96, 100, 104, 108, 114, 119, 200, 124, 128, 132, 140, 143, 144, 148, 154, 158, 162, 168, 172, 176, 180, 185, 204, 210, 217, 221, 224, 228, 233, 238 | Corbis: S. 19, 23, 76, 111, 112, 113, 123, 135, 147, 171, 213, 216, 232, 237 | © Getty Images: S. 35, 41, 13, 69. 77, 87, 99, 117, 131,139, 151, 152, 161, 165, 166, 179, 203, 207, 215, 219, 220, 227, 231, 241 | © Mirrorpix: S. 9, 10, 49, 65, 85, 88, 91 | Rex Features: S. 2, 15, 29, 30, 45, 55, 57, 61, 70, 118, 198, 157, 175, 183, 184, 209, 214, 232, 235 | United Archives: S. 83, S. 136: © KPA/TopFoto, S. 190: © 2003 Topham Picturepoint || Coverfoto: © Frank Micelotta/Getty Images

Michael Heatley & Frank Hopkinson
DER TYP AUS DEM SONG
»Hey Jude«, »Man On The Moon«, »Rolling In The Deep« …
und welche wahren Geschichten sich dahinter verbergen

Genehmigte Lizenzausgabe
© der Übersetzung: Schwarzkopf & Schwarzkopf Verlag GmbH, Berlin 2012
Zweite Auflage, Dezember 2012 | ISBN 978-3-86265-170-2
Aus dem Englischen übersetzt von Madeleine Lampe | Lektorat: Franziska Fischer & Carolin Stanneck | Layout der deutschen Ausgabe: Alexander Meier | Erstmals veröffentlicht unter dem Titel »The Boy in the Song: The Real Stories Behind 50 Classic Pop Songs« in Großbritannien 2012 von Salamander, einem Imprint der Anova Books Company Ltd, 10 Southcombe Street, London W14 0RA | Copyright © Salamander 2012 | Text Copyright © Michael Heatley 2012.

Dieses Werk ist urheberrechtlich geschützt. Jede Verwendung, die über den Rahmen des Zitatrechts bei vollständiger Quellenangabe hinausgeht, ist honorarpflichtig und bedarf der schriftlichen Genehmigung des Verlages. Die Aufnahme in Datenbanken sowie jegliche elektronische oder mechanische Verwertung ist untersagt.

KATALOG
Wir senden Ihnen gern kostenlos unseren Katalog.
Schwarzkopf & Schwarzkopf Verlag GmbH
Kastanienallee 32, 10435 Berlin
Telefon: 030 – 44 33 63 00 | Fax: 030 – 44 33 63 044

INTERNET & E-MAIL
www.schwarzkopf-schwarzkopf.de
info@schwarzkopf-schwarzkopf.de